伝えてスッキリ！

魔法の言葉

河合薫

きずな出版

これは人間関係についての本です。でも、それだけではありません。**つながり方、伝え方、働き方、**そして**人生を豊かにする方法**——そんなエッセンスが詰まった一冊です。

人間関係の悩みは心を錆びつかせます。誤解が生まれ、対立が深まり、孤独感に苛まれる。けれど、あなたが何気なく発した言葉が、ふと相手の心を揺さぶり、思いがけず日々の意味、働きがい、生きがいをもたらしてくれたりもします。職場のギスギスした空気や孤独感を減らし、心を軽くする魔法のような力を持つのが**「伝え方」**です。言葉には、心を動かし、関係を変え、人生を豊かにする力があります。ほんの少しの工夫で、**あなたの言葉が「魔法」に変わる**のです。

今、私たちが生きるのは、ワンクリックで世界中の誰とでも簡単につながれる社会なのに、うまくつながるのがとても難しくなってしまいました。自分では当たり前に使っている言葉でさえ、伝わらないのです。たとえばこんな具合に——。

はじめに

ある日のこと。「領収書をください」と店員さんにお願いしたところ、珍事件がおきました。そして珍事件は別の場所でもおきました。

珍事件1：

河合「領収書お願いします」
店員「宛名はどうしますか？」
河合「上、でいいです」
店員「うえで、ですね！」
河合「……はい」

店員が差し出した領収書の宛名に書かれていたのは「上出」でした。

珍事件2：
河合「領収書お願いします」
店員「お客様、宛名はどのようにしたらよろしいでしょうか？」←やたらと丁寧
河合「カタカナで、カワイ、でお願いします」
店員「かしこまりました！　カワイですね！」
河合「（失笑）」

どちらも20代の店員さんです。珍事件1は「上様」を知らず、珍事件2は過剰な丁寧語を使っていたのに、客の名前を突然の呼び捨てです。私が「カタカナで」と前置きしたので、名前ではないと受け取ったのでしょうか。

実はこれ、7、8年ほど前の珍事です。当時は円周率を3と教わり、国語の授業が大幅

に削減されたゆとり教育を受けた〝フルゆとり世代〟が社会人になり、多くの職場で「だからゆとりは〜」と上司は頭を抱えていました。私ももれなくゆとり世代の洗礼を受けたわけです。

しかし、私のそれは上司たちが遭遇した珍事件に比べれば瑣末《さまつ》なこと。日々部下と顔を合わせる現場では、「それ、ネタでしょ？」とツッコミたくなるような珍事件が日常的に起きていました。

珍事件3：

「部下に『そのタスクは結構骨が折れるから、覚悟しておけよ』と伝えたら、『肉体労働なんですか？』と返された。骨が折れるを骨折と思ったようだ」

珍事件4：

「社長に褒められた部下に『現状にあぐらかいてると、後輩に追い越されるぞ』と喝を入れたら『椅子に座るようにします』と真面目に返されてしまった」

珍事件5：

「送られてきた予算書に無駄が多かったので『これだと足がでるだろ』と言ったら、慌てて靴下を上げていた」

etc. etc…。

極め付けは、9時スタートの研修会に部下たちを遅刻させないために上司が釘をさしたこちらの会話です。

珍事件6：

上司「9時10分前には集合するように」

部下「……」↑全員不審な顔

上司「わかりましたか？　9時10分前には席に座ってるように」

部下「……」↑ますます不審な顔

上司「（まさかと思いつつ）8時50分に集合するように」
部下「あ！　そういうことですね!!」

これには数々の珍事を経験してきた上司も「絶望的な気分になった」と泣いていました。
しかし一方で、「なんで？　何が問題なの？　言葉どおりに受け取っただけだよ」という部下の声も聞こえてきます。なるほど。確かにそうです。文字どおりに受け止めれば、世界中のすべての言語で起きる珍事件です。

スマート「You knocked me out（キミには本当に驚かされるよ）」
ハイミー「OK!（アナタを殴ればいいんですね！）」↓スマートをグーでパンチする
スマート「Shake!（握手しよう）」
ハイミー「OK!（揺れればいいんですね！）」↓体を激しく揺らす

スマート「Kill the light！（電気を消せ）」

ハイミー「OK!（灯《あか》りを殺せばいいんですね！）」↓拳銃で電球を撃つ

これは1960年代~70年代にアメリカで放映された人気コメディ『Get Smart（それ行けスマート）』の主人公スマートと、助手の人間型ロボットハイミーの会話です。

ハイミーはスマートが伝えようとする内容を文字どおり受け取ります。冒頭のゆとり世代の解釈もハイミーと同じです。相手は「文字どおり」に受け取っただけなのに、私たちは想定外の言動に驚き、笑い、絶望します。なぜか？　実は人が発する言葉は、辞書に書いてある言葉の意味と一致するとは限らないからです。

言葉とは船のようなもの

言葉とは「心の中にあるモワモワした気持ち」を乗せる船のようなもの。人は他者に心

のモワモワを色々な船を組み合わせて伝えています。つまり、言葉には心の中にあるモワモワした気持ち＝メッセージが存在する。これは「意図明示コミュニケーション」と呼ばれています。

社会的動物である「私」は、他者とつながることで生き残ってきました。つながるとは「共感」であり、共感は相手と対面し、見つめ合う状況で生まれる感情です。対面のコミュニケーションでは、視覚・聴覚・臭覚・味覚に訴える言葉では表現できない、何百もの情報のやりとりがあります。サルにも共感の感情はありますが、人間はそこに認知＝理解、判断＝推察などの知的機能を加えました。

人間の進化の過程で身につけた能力が、意図明示コミュニケーションです。

たとえば、「あ、雨が降ってきた」という言葉に、「傘をもってきてくれる？」という意味が含まれていることもあれば、「出かけるのやめようかなぁ」という意味が含まれている場合もある。どちらの意味かを推察する手立てとなるのが、コンテクストです。コンテクストは、文脈、背景、状況などを意味する言葉で、コミュニケーションの成立にはコンテクストが極めて重要です。

出かけようとしている人が、ドアをあけて「あ、雨が降ってきた」と驚いた顔で発したなら、「傘が欲しいのね」と相手の心を推察できます。魔法の言葉なのです。

Ａ「あ、雨が降ってきた」
Ｂ「下駄箱の横にあるよ」
Ａ「ありがとう！」

「傘」という言葉を入れなくても、コミュニケーションが成立します。

テレビで気象予報士のＫさんが「今日は晴れます」と言うのを見ていたなら、

Ａ「あ、雨が降ってきた」

B「Kさん、ハズレ！」

A「だね」

行こうか行くまいか迷っていた人が「あ、雨が降ってきた」とニヤリ顔で発したなら、「行きたくないんだな」、「雨が降っていたら行かなくてもいいんだな」と推察し、

A「あ、雨が降ってきた」

B「よかったね」

A「テヘヘ」

といった具合です。

このように意図明示コミュニケーションでは、他者の心を類推し、理解する能力が不可欠です。

また、コンテクストは話し手と受け手の関係性（社会的地位、親子、友人、上司部下、先輩後輩など）、語彙の多さや知識、文化などさまざまな要因で規定されるので、親密であ

ればあるほど言葉の意味と発信者のメッセージがかけ離れていても、相手に伝わりやすくなります。

恋人同士の夜空を見上げて「星がきれいだね」「うん」というシーンはドラマや映画でもありますが、2人は「愛」を語り合っているのであって「星」について語り合っているわけではありません。もちろん「あの星はね……」と星の情報をやりとりする場合もありますが、星を介してつながるのを楽しみ、共感し、互いの感情をやりとりしているのです。

ただし、「私」が発した言葉＝船の意味を決めるのは「相手」です。コミュニケーションはどう受け取られるかが全てです。この真理がいかにも不条理で、コミュニケーションが永遠のテーマになりうるわけです。

おまけに「心の中にあるモワモワした気持ち」を言葉に乗せるのをわざと避け、逆の意味の言葉を使ったりもするので実にやっかいです。胸が張り裂けそうなほど悲しみに暮れているとき「悲しい」と言葉にした途端、立っていられなくなりそうな気がして、笑顔で「お腹すいたね〜」と言ってみたり。一人きりでがんばるのが限界に達しているのに、「助けて」と言葉にすると惨めな気がして「大丈夫」と明るく言ってみたり。それでも「私」は他者とつながりたい。この「互いの心を結びつけたいという衝動」こそが人間を人間たらしめているのです。

メッセージが引き出す幸せへの力

「人間は生まれつき人を信じやすく、信頼は遺伝子にも幼少期の学習にも組み込まれており、信頼は人類が生存するメカニズムだ」——。これは、スタンフォード大学経営大学院の社会心理学者ロデリック・M・クラマー教授の主張です。

赤ちゃんは生まれてから数時間で母親を見つめたり、表情を真似るようになるなど、身近な人と関わりを持とうとする本能があります。確かに赤ちゃんがにっこり笑うと、誰もが思わずうれしくなって、赤ちゃんの頰や小さな手を触ったりと、なんらかのコミュニケーションをとりたくなりますよね。この赤ちゃんがにっこり笑う仕草は「社会的微笑（3カ月微笑）」と呼ばれ、赤ちゃんが人とつながるために最初に身につける社会性と考えられています。

肉体的に未成熟な状態で生まれてくる人間は、誰かの世話なくして生きていくことはできません。人が信頼をつなぎ、安心を得るには〝共に過ごすこと〟が必要不可欠です。

そして、「私の生活世界は信頼できる」という確信を獲得すると、すべての人に宿る幸せへの力が引き出されます。私の専門である健康社会学では、この確信をSOC（Sense Of Coherence ＝首尾一貫感覚・ストレス対処力）と呼びます。SOCを私の言葉で日本語でわかりやすく表現すれば、「世界は最終的に微笑んでくれるという確信」であり、人生の後半戦で「人生、思いどおりにはならなかったけど、まんざら捨てたもんじゃなかった」と笑えるたくましさです。

申し遅れましたが、健康社会学は人と環境の関わり方に注目し、人の幸福感や生きる力を研究する学問です。人は環境で変わり、環境を変える力もある。ここでの環境とは自分を取り巻く「半径3メートル世界」です。「ねぇ、ちょっとちょっと」と話しかけられる半径3メートル世界の他者との質のいい関係が、「世界は最終的に微笑んでくれるという確信」をもたらします。

子は親から、大人は子や友人から、働く人は上司や部下、同僚から、「あなたは大切な人」というメッセージを肌で感じたとき、「私の生きている自分世界は信頼できる。信頼できる人たちに囲まれている」と、SOCの土台となる確信を持てるようになります。

子供にとっていちばん大切な半径3メートル世界の他者は「親（あるいは親に相当する大人）」です。子供が「オギャー」と泣いたとき、いつも母親（父親）が必ず「どうしたの?」と抱きしめ、買い物に出かけた母親が必ず家に戻ってくることは、「あなたは大切な人」というメッセージです。時にはすぐに帰ってこないで1時間近く待たされることがあっても、「私の大事な人は必ず来てくれた」経験の繰り返しが、SOCの土台である「私が生きている自分世界は変化しているのではなく、一貫した世界で、自分を裏切ることなく頼れるものだ」という確信をもたらします。

「必ず来てくれる」と確信できるからこそ、子は「母に会いたい」という欲求を我慢することを学びます。子にとってはしんどくて辛い経験ですが、限界までとにかくがんばり続けた結果、母親が「よくがんばりましたね。待たせてごめんね」と優しく接してくれる経験を繰り返すうちに、「私は生きたい、幸せになりたい」と人に宿る幸せへの力が、苦境や苦難を乗り越える生き抜く力としても作用するように高まっていきます。SOCが「ストレス対処力」と訳されるのもそのためです。

言葉が力を持つ時代

コミュニケーション研究は人類学、霊長類学、認知科学、生物学、言語学、哲学、脳科学、行動経済学、心理学、社会学、健康社会学などなど、さまざまな分野で進められてきました。そのほとんどが、対面のコミュニケーションをテーマにしたものです。理由はシンプル。私たちのＤＮＡに刻まれているのは「対面のコミュニケーション」であり、言葉はコミュニケーションの一部でしかないからです。信頼感は、共に過ごし、身体を通じてしか育まれません。

ところが技術の発展により、対面しなくても他者とつながれるようになり、言葉だけのやりとりが主流になりました。言葉だけのコミュニケーションは人間的ではありません。

頭はつながったと理解しても、心はつながったと認知できず、絶え間ない不安が募ります。

リアルの対面と比べると情報量が圧倒的に少ないので、相手の言葉の意味も推察できません。肥大化した言葉で傷つき、生きる力を失う人も増えています。

しかも、とりわけ若い世代ほど短文を好むため、昭和おじさん・おばさんは、そっけないリアクションに寂しい気持ちになりがちです。「今どきの若者の心情」について考え、起承転結の内容をメールしても「了解です！」だの「ありがとうございます！」だの、ついには、親指を立てた絵文字や顔文字だけで返信する部下もいるので、寂しいやら、心許ないやら。うまくつながれない、伝わらない、ジレンマに苦悩する。

だったら「こちらも！」と、フレンドリーに、深刻になりすぎないように、絵文字を多用してメールをすると、今度は「おじさん構文」と失笑され、迷惑がられます（以下、おじさん構文の事例です）。

「薫ちゃん（笑顔）（ハート）、お仕事がんばってますか？（炎）（汗）（パソコン）色々と大変だと思うけどがんばってね！(泣き顔)(ファイト)今度一緒に(ケーキ)食べて(フォーク)、癒やしてあげるよ！(ハート)(手)ナンチャッテ！(笑)(ハート)」

注：(　)は絵文字

「若者に媚《こ》びる必要ない！」という己の声も聞こえてくるのですが、「老害と言われたくない」「パワハラだと思われたくない」「セクハラをする気などない」と予防線が張り巡らされているうえ、幼稚園児の頃からタブレットをシュシュッと操り、ＳＮＳを活用したコミュニケーションを日常的に行ない、育ってきた「デジタルネイティブ」のＺ世代の入社で、若者オリエンテッドはさらなる高まりを見せました。

しかも、しかもです。なんと句点が「怖い！」「マルハラ（マルハラスメント）だ！」と否定されてしまうのですから、わけがわかりません。

問題はそれだけではありません。

私の知人の大学１年生の息子さんは、再放送されている１９８０年代のテレビドラマ

『ふぞろいの林檎たち』を見て、「これって、戦前の話？　何で電話くれないとかどうだとか家でじっと待ってるんだよ。電話できないんだったら、メールすりゃいいじゃん。待つって何なんだ？　面倒くせ～」と言ったそうです。

好きな人からの電話を待つ間に、「もう、仕事終わったかなぁ。電車に乗って、満員電車に揺られているのかな」と想像し、「もう家に着いたころだから、そろそろ電話くれるかな」と期待に胸を膨らますも、なかなかかかってこない電話に「何かあったのかな？いつもだったら帰っている時間なのに……」と心配になる。何度も何度も受話器を見つめ、鳴ったときに近くにいないと出られないから、トイレに行くのも気が気じゃない――。

そんな感情の揺れが、携帯やメールで瞬時にダイレクトにコミュニケーションできる時代を生きる息子さんには理解できなかったのでしょう。彼らにとって、言葉こそがコミュニケーションのすべてです。そこに介在する、言葉にならない気持ちや、間が想像できません。

おかげで昭和おじさん・おばさんは、日々若者とのコミュニケーションに神経をすり減らし、「なぜ、伝わらない？　なぜ、理解できない？」という小さな怒りは、ジェネレーションギャップという言葉に置きかわりました。昭和おじさん・おばさんが多用する「ジェネレーションギャップ」という言葉は、「もう勘弁してください」という魔法の言葉・メッセージでもあります。

若者にも若者の言い分があり、若者は若者で言いたいことも言えず、自分の気持ちを伝えることに怯《おび》え、ぶつからない・もめない・めんどくさいことを避けるようになりました。その結果「群れる孤独」に苦しむ人もたくさんいます。群れる孤独とは、〝ぼっち〟への恐怖心から仲間とつながる心の動きです。ぼっちは、友だちがいないかわいそうな人を指す言葉です。今の若い世代には「仲間がいない」＝ダメな人、「仲間に嫌われる」＝人間失格といった価値観があるため、「ぼっち」への恐怖感が「仲間」とのつながりを支えている。それは居場所があるようでいて実際にはない若者の生きづらさです。

時代変われど

結局のところ、散々若者が〜だの、Z世代が〜だの、書いてきてなんですが、伝え方は、巻物、手紙、交換日記、電話、ガラケー、SNS、と時代で変わりますが、他者とつながりたい欲求は年齢や時代を問わず、「私」が「人間」である限りなくならないし、変わらないのです。誰もが心の思いを伝えたいのです。誰もが自分のことをわかって欲しいのです。そして何よりも、幸せになるために生を受けた人に宿る「幸せへの力」を引き出すには、他者とのつながりは欠かせません。

そこで本書では、伝わった！　つながった！　とほくそ笑む瞬間を、どのようにして手にいれるかを考え、書き綴ります。

少々自分のことをお話ししますと、私は日本人として日本で生まれ日本語のコミュニケーションで育ったのに、日本語が一切通じない、日本人の家族は我が家だけという完全アウェーの環境で多感な時期を過ごしました。そんな経験のトラウマでしょうか。「自分の言葉で伝えたい」という気持ちだけで、空を飛び、空模様を予想し、人の心模様を研究するキャリアを重ねてきました。研究者の端くれとして、ビジネスパーソンのインタビューをフィールドワークとして行ない、1000人以上の人たちの「言葉」に耳を傾けて、アンケートや研究室内の調査では決して捉えられない「個人的な悲鳴や葛藤」を聞いてきました。その度に、コミュニケーション不全がすべての悲鳴や葛藤の原因であると痛感させられました。と同時に、人を幸せにするのは人なんだという確信が、どんどんと強まりました。

つながって幸せになるとはどういうことなのか。言葉を「魔法」に変えるにはどうすればいいのか。知りたい方はページを開いてみてください。
「私」のメッセージが「あなた」にちゃんと伝わることを願っています。

河合　薫

目次

笑顔が相手との距離感を近づける
何でも話してくださいという気持ちが不可欠
3つの無駄によって相手との接点ができる
弁解や自己弁護に走ると相手から嫌われる
モヤモヤしたら宛名のないメールを書いてみる
感動が張りつめた空気を和ませる　アメリカ人になれ！
半径3メートル世界をつなぐ言葉

イラスト／たつみなつこ
DTP／今井明子

伝えてスッキリ！

魔法の言葉

第1章

仕事関係での魔法の伝え方

年寄りは話が長い

人は年をとるとさまざまな「変化」を経験します。

白髪を最初にみつけたとき、白髪が眉毛に侵略してきたとき、ついには白髪が秘部で発見されたとき、「ああ、年をとってしまったのか」と軽く落ち込みます。ふと鏡の中の自分と目が合い、目の下のたるみやくまに気づいてしまったり、携帯や新聞の文字が見えづらくなってしまったり、腰を下ろすときに無意識に「よいしょ」と言ってしまったり。どれもこれも自分の「老い」に気づく自分自身の変化です。

そんないくつもの変化で、**本人がなかなか気づけないのが「年をとると話が長くなる」という歴然たる事実です。**

卒業式で、結婚式で、式典で、偉い人の長い話にうんざりした経験は、誰もがあるはずなのに「自分の話が長くなっている」変化に気づく人はごくまれです。

私自身、「ん？　これはひょっとして……」と気づいたのは、話が長くなってから1年、いや、3年くらい経ってからでした。

コロナ禍でリアルの講演会がリモートになり、それまで90分でやっていた講演会を60分でお願いされることが増えました。30分も削るのは結構大変です。パワポを削り、削り、削りまくって、話の構成も60分仕様にしてみるのですが、実際に講演が始まるとなかなか上手くいきません。最後の方はスライドをすっ飛ばし、次の講演会では飛ばしたスライドを削除。この作業を何回か繰り返してやっと本当の60分仕様が出来上がりました。

コロナが明けてからは60分に80分が加わるようになりました。そこで今度は、60分仕様を基に、新しいスライドを2〜3枚加え80分仕様にしたのですが、なぜか時間が足らずスライドをすっ飛ばすケースが相次ぎました。そこで試しに60分仕様を使ったところ、なんとなんとの大成功です。

どうやら私の話は、コロナ禍の3年間で長くなっていたわけです。やばいですね。これ。

もし、私がテレビやラジオの生放送を経験していなければ、予定の時間をオーバーしてもなに食わぬ顔で話し続けたと思います。「時間内に収められなきゃプロじゃない！」と骨の髄まで叩き込まれていたおかげで、「話が長いおばさん」は回避できましたが。

では、なぜ年をとると、話が長くなるのでしょうか？

理由1：知識や経験が豊富になるので、「何かの役に立てば～」とつい盛りたくなる。
理由2：スポットがあたる機会が減るので、たまにあたると嬉しくなる。
理由3：自信がつくので、話に熱が入り、繰り返しが多くなる。
理由4：ずうずうしくなるので、話が脱線しても気にならなくなる。

と、あれこれ理由は考えられますが、自分の話を誰かに聞いてもらうのは、単純に気持ちがいい。年をとるとずうずうしさも増してきますから、周りのひややかな目線もいっさい気にせず、とことん気持ち良さに酔いしれます。つまるところ、話が長くなるのは白髪が生えるのと同じなのです。

ところがどういうわけか、最近目立つのが、老いとは無縁の「話が長い」若手コメンテーターです。

短文好きのはずの若者が

お恥ずかしながら、私もかつてはありとあらゆるシーンで若手でした。

国際線のCAや、テレビのお天気お姉さん、情報番組のMCをしていた頃は正真正銘の若手でしたし、30代後半にビジネス書やコラムを書き始めたときは「書き手の中では若手。これからまだまだ伸びる！」と編集者に期待され、大学院修了後にコメンテーターとしてメディアに出るようになったときも、共演者の中ではいつも若手でした。

当時の私は、自分の専門外のコメントをするのが嫌でした。MCも共演してるコメンテーターも年上でしたから、出演の日には心臓が飛び出しそうになるほど緊張し、本番中は、自分の得意分野以外は、MCにふられないように息をひそめました。子供が授業中に先生にさされないようにするのと同じです。

一方最近の若手コメンテーターは実に饒舌《じょうぜつ》です。ＣＭ中はおとなしいのに、カメラを向けられた途端によくしゃべります。テレビという公共の場で、彼ら彼女らは臆することなく、途切れなくしゃべり続けます。おかげで共演するコメンテーターが若手のときは地獄でした。私が自分の話を最小限に抑えないとならないからです。といっても、誰かに頼まれたわけではありません。ただの老婆心です。時間が押し、ＭＣはなんとかまとめようと苦心し、ディレクターが手をくるくる回しているのを見ると（時間がないときの合図）……仕方がありません。

確かにいつの時代も若者はおしゃべりが大好物。私も部活の帰りに日が暮れるまでおしゃべりし、家では長電話をし「いつまで電話してるの！」と親から怒られ、合宿や修学旅行では消灯後も暗闇で話し続け「何やってんだ！」と教師から叱られました。

しかし、今の若者はタイパを過剰に重んじ、ＳＮＳではあっけないほどの短文しかうちません。

り（了解）、あたおか（頭おかしい）、バおわ（バイトが終わった）、バ嫌（バイトが嫌）、チョベリグ（超ベリーグッド）、あね（あーなるほどね、あーそうだね）などなど、文にも単語にもなっていません。

そんな若者が、なぜ、テレビというマスメディアでは饒舌になるのでしょうか。テレビだけではありません。大学の講義でもプレゼンをするときの学生は、おどろくほど饒舌です。

なぜなのでしょうか？　私なりに推察してみると、

理由1：自分を大きくみせたい
理由2：周囲のうなずき、聞いてくれてる感が半端ない
理由3：プレゼン教育の効果

簡単に補足しますと、大学の講義で質問する一部の学生は私への質問と言いながら、自分の知識や経験を「これでもか！」ってほどしゃべりまくります。「うんうん」「なるほど」「すごいわね！」とリアクションをまめに入れると、ますます得意げに話しまくります。まわりの学生から笑いがおきたり、そうそう！　と大きくうなずかれると完全なる独壇場です。めちゃくちゃ気持ちよさそうです。小さい頃から厳しい競争社会で生かされていますから、少しでも自分を大きくみせたい、自分はまわりより優越していることをアピールしたいのでしょう。

テレビでは何万人もの人がカメラの向こうにいますし、スタジオでは、共演者も画面に抜かれたときに好印象を得るために、「うんうん」「なるほど」と表情豊かに聞いてる感を出しつづけます。そんな「聞いてますアピール」のプロたちによって、若手コメンテーターの「テレビに出てる私って最高」的優越感が満たされ、ますます気持ちがいいのです。

今の若者は高校生時代に総合学習の時間にプレゼン教育を受けていますから、その成果もあるのでしょう。「総合的な学習（探求）の時間」は、子供たちが自ら学び、自ら考える力や学び方、ものの考え方などを身につけ、よりよく問題を解決する資質や能力などを育むことをねらいとし、小・中学校は２００２年度から、高等学校では03年度から実施されています。

私が非常勤で都内の大学で担当した講義も演習でしたので、学生にプレゼンをさせていました。

控えめに言っても、学生のプレゼン力はすごいです。パワポや動画もすばらしかったです。プレゼンの上手い学生＝問題解決能力が高いとは言い切れませんし、私の質問には答えられないというツッコミへの弱さはありました。総合学習の狙いどおり効果が出たかどうかはわかりません。それでもプレゼンという言葉がない時代の「私」たちにはない、能力があることは確かです。

リミットがはずれる瞬間

いずれにせよ、私たちは社会生活を営むうえで、無意識に心にリミットをかけています。「会議で目立ちすぎると印象が悪くなるかもしれない」「1 on 1で下手に意見すると仕事が増えてしまうかもしれない」などもその一つです。世の中には誰が決めたかもわからない正解が溢《あふ》れていますし、ステレオタイプが内面化され「私はこういう人だから」といった自分に対する思い込みもリミットをかけます。それが自分の能力をフルに発揮できない理由の一つにもなります。

しかし、「本当の自分を出していいんだ」と安堵できるきっかけがあれば、案外簡単にリミットははずれます。年をとると話が長くなるのも、若手コメンテーターのコメントが長くなるのも、いくつかの安心要因によりリミットが外れ、認めてもらいたい、自分を知って欲しい、といった人間の本質がむき出しになるのでしょう。

最近はｎｏｔｅに自分の意見を書く若者が増えているのも、実名を出す必要がない、ランキングがない、広告がない、記事ごとにコメント欄のオンオフもセットできるし、長くても短くても好きなことを安心して書けるから「書く」。書くという作業には、カタルシス効果がありますから、書くだけでストレスも発散できますし、なんらかのきっかけで世間の注目を集めるかもしれない、といった期待感もまた書く意欲につながります。職場ではものも言わない上司が、自分のコンフォートゾーンである飲み屋で、お酒が回り始めた途端、くどい説教を始めたり、ウケてると勘違いして下ネタギャグを連発するのと心理構造は同じなのです。

私はこれまで１０００人以上のビジネスパーソンをインタビューしてきましたが、例外なく誰もが自分の意見を持っていました。どんなにおとなしい控えめな人でも、どんなに口下手な人でも、自分の意見を言っているとき、目をキラキラさせるのです。私が「へ～そうなんですか?」と曖昧な突っ込みをすると、ますます目を輝かせて、自分の意見を自信たっぷりに話し続けます。

とはいえ、職場での日常的なコミュニケーションは、意見を切々と述べる場でもなければ、自己主張する場でもありません。しかも、職場ではなんらかの利害関係があるので、心のリミットはかかりまくります。そこでこの章では、職場で自分の伝えたいことを、何で、どう伝えればいいのか、整理してみましょう。

何で伝えるか？

まずは次ページの図をご覧ください。これは職場で使われているコミュニケーションの手段を、質と量で示したコミュニケーションピラミッドです。

直接対面の会話 = face to face は、発せられる言葉以外に視覚・聴覚・臭覚・味覚に訴える何百もの情報のやりとりが行なわれる、もっとも質の高いコミュニケーション手段です。一方で、対面は相手と都合を合わせるなど手間と時間がかかります。対面の負担を減らせるのが、コロナ禍で一気に広がったリモート会議やリモートでの 1 on1 meeting です。

リモートもパソコンの中にいる他者と向かい合いますが、リアルの対面と比べ情報量が激減します。私自身、リモートでの取材や打ち合わせが可能になり、気軽に依頼を受けら

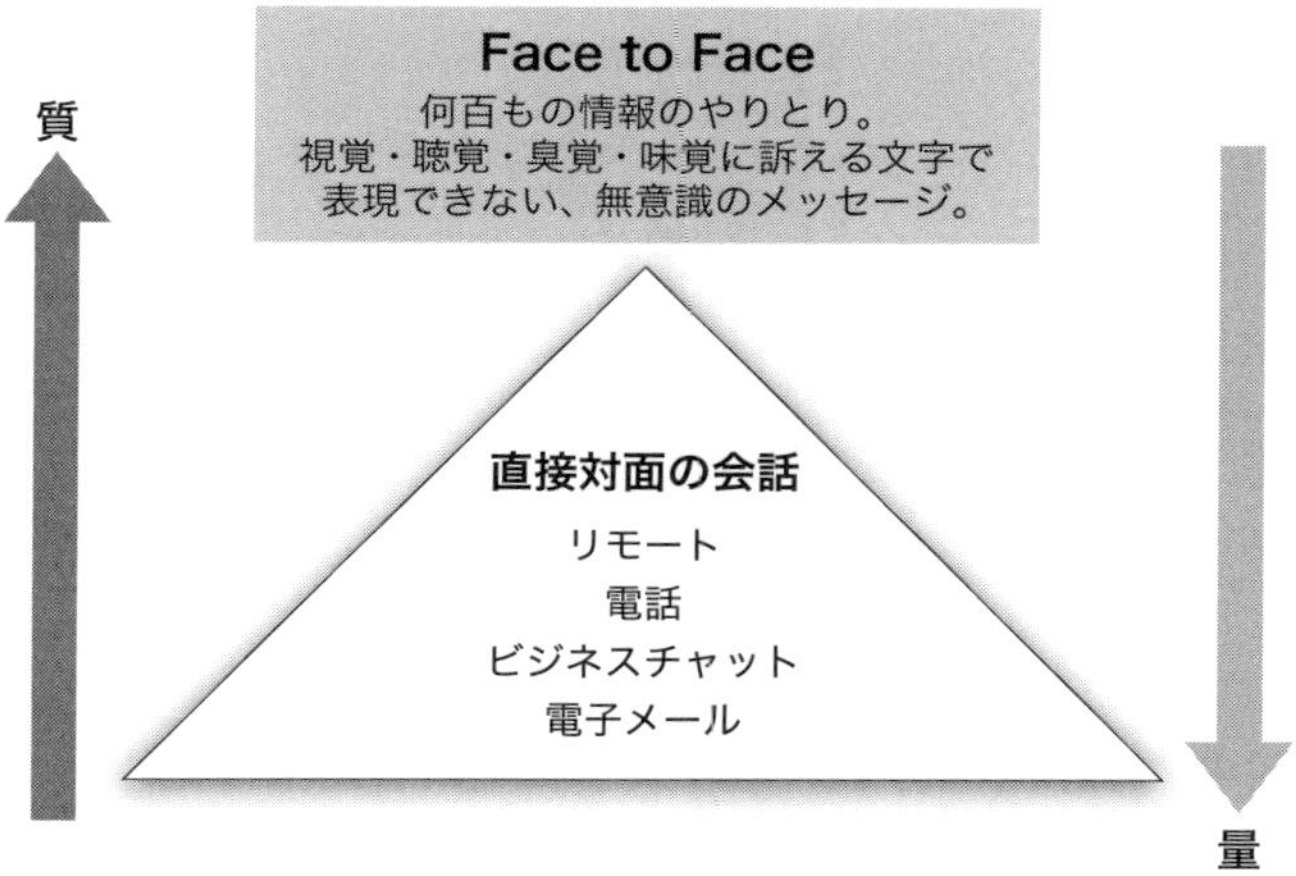

れるようになりました。ところが、たとえばリアルでは当たり前だった「名刺交換」がなくなり、初対面の人の名前がわからなくなりました。

　コロナ前は交換した名刺を机の上に並べ、会話の最中にお名前や役職をこっそり確認しながらコミュニケーションを取っていたのに、リモートだとそれができない。１対１ならなんとかなりますが、２人はギリギリ、３人以上は１００％無理です。奇妙なのはそんな「名前がわからなくて困った」という感情も、リモートだと速攻で消えます。

　リアルの対面なら「背の高かった人」「おしゃれな靴をはいてた人」「いい匂いのした人」「寝癖の付いてた人」「椅子から立ち上がったら意外と大きかった人」などの情報に加え、「外からいまどき『やきいも〜』とか聞こえてきて面白かった」など、その場にいた人しか知り得ない秘密の情報ができ、そんな〝どーでもいい〟無駄な情報を共有した経験で、相手との距離感も縮まります。

ところが、リモートだと相手がのっぺらぼうになる。過ごした記憶でさえあっという間に消えるのです。裏を返せば、リモートだけで人間関係を構築することは極めて難しいのです。私たちの記憶の箱は、五感で捉えた情報だけを選りすぐって残すようにプログラムされているのかもしれません。

質×時間の法則

最近めっきり使われなくなりましたが、「電話」でのコミュニケーションは声色で相手の状況や心理状態をはかれるため、コミュニケーションの質はある程度保てます。一方で、電話を受けた側はいったん手をとめ、相手の話を強制的に聞かされるので迷惑がる人も少なくありません。特にたくさんの仕事を同時進行でやっている人にとって、緊急性が低い電話は奇襲のようなもの。電話をかける方は「話した方が早い」と考えるのでしょうけれど、某タレントの電話不要論が盛り上がりを見せた背景を考えてみる必要がありそうです。

電話にとってかわったツールが、LINEやSlackなどのビジネスチャットです。チャット＝chatが「おしゃべり」を意味する通り、メールや電話とは異なり、即時にメッセージのやりとりが可能で、業務連絡に活用する企業も増えています。既読機能はチームメンバーが読んだかを把握するのに役立つので発信者側には便利な機能です。ただし、いつでも発信していいわけではないという暗黙のルールが周知されているので、「相手の状況を気遣う」点でメールより質は上です。かたやメールは、相手の事情を全く考えなくていい唯一のツールなので、コミュニケーションピラミッドの最低ランクに位置します。

このように単にコミュニケーションツールといっても、それぞれいい点と悪い点があるので、「何で＝どのコミュニケーションツール」で伝えるかは、「伝えたい内容の質」と「時間の切迫度」＝質×時間で選ぶ必要があります。ここで選択を間違うと、伝わるものも伝わらなくなります。

たとえば「『会社辞めます！』って、メール一本だよ。ついこないだまで『がんばります！』って言ってたのに」といった具合に、伝えられたツールと内容のミスマッチは、ときとして相手を傷つけ、発信者の評判まで落としかねません。一方で、ツールと内容がきちんとマッチしていると、難航が予想された問題でも受け手の協力でスムーズに解決できるなどの場合があります。

私のフィールドワーク（インタビュー）の協力者の1人＝50歳の男性が勤めていた企業で、業績不振からリストラが行なわれることになりました。むろん表向きは「希望退職」ですし、対象も全社員です。上司との面談も20代も含めた社員全員が受けました。しかし実情は「リストラリストに名前のある人をターゲットにした肩叩き面談」で、男性はここで〝引導〟を渡されてしまったのです。

「面談をする部屋に入った途端、『あ、私か』ってすぐにわかりました。上司が視線を一切合わせないんですから、いい話のわけがないですよね。

面談の前半では会社の厳しい状況を長々と聞かされ、『今の組織だと今までのような業務を継続できない』と説明されて。後半は『あくまでも早期退職を希望した場合』と何度も前置きしつつ、退職金の割増率が過去最高だとか、再就職については会社が契約している就職支援会社のサポートを1年間受けられるとか。50歳だと9割の再就職が決まる、といった資料みたいなものも見せられました。

年齢が年齢ですから、ありうる話だとは思ってましたけど、結構堪《こた》える。恥ずかしいし、頭にくるしね。でも、切る側（上司）も大変だなぁと、仲のいい上司だっただけに変な同情心も湧いてしまって。私は頭きてるはずなのに、目の前の上司が気の毒に思えちゃうんだから、人間の感情っておもしろいですよね」

男性は翌日、退職届を出し、半年後に再就職先が決まり、今は元気に働いています。

たかがコミュニケーションツール、されどコミュニケーションツール。

相手にきちんと伝わるには、どう伝えるかの前に、何で伝えるか？　を「質×時間」、プラス「相手の気持ちや状況」を3秒考えた上で決めてください。それ以上考えると、伝えること自体が面倒くさくなってしまうので3秒で十分です。

3行・30秒ルール

ここだけの話ですが、私はどんなに重要な仕事のメールでも3行までしか読めません。とりあえず眼は最後の文字まで動かします。しかし、4行目以降は、書かれている内容の重要度にかかわらず脳を素通りします。体は読んでいるつもりでも、頭が読めていないのです。電話の場合は30秒くらいしか相手の話が入ってきません。リアルでお会いしたことのない仕事相手の場合は、もう少しがんばれますが、多めに見積もっても1分程度です。自分が伝える側のときは、初めてお仕事をさせていただく方や自分より年上の人には、あまり短いと失礼なような気がしてつい3行以上書いたり、長々と話してしまうのに実に勝手です。

この**自分は3行以上読めないのに、他者には長々と丁寧に伝えようとする矛盾をひき起こすのが「無意識」**。私が「失礼にならないように長く書いてしまう」のは、私の脳内の無意識の領域からの指示です。

人間の動きと幸せな職場の関係を研究している日立製作所フェローの矢野和男さんによると、人は1日に8万回くらい動き、そのほとんどは無意識で、意識的に動いているのはその10分の1もあるかどうかで、ひょっとするともっと少なくて1%くらいかもしれないそうです。

たとえば、歩く、座る、食べる、話す、も無意識ですし、あの人が好き、この文章は好き、楽観的に考える、悩むという感情の動きも、脳の無意識という領域が決めています。また、世間の習慣や常識といったものが私たちの無意識の領域に入り込み、自分でも気が付かないうちに行動や思考が規定される場合もあります。しかも、脳は同時に処理するのがとても苦手で、マルチタスクができないとの指摘もあるほどです。

おそらくメール3行・電話30秒も「これ以上処理ができません！」という無意識の領域からの拒絶でしょう。原稿に追い詰められている状況では、3行・30秒も処理できているかもあやしい。いずれにせよ何で伝えるにしてもきちんと伝わるのは「短文」です。

何で伝えるか？　を選んだ後は、3行・30秒で伝える感覚を意識的に体に叩き込むトレーニングです。

「え？　たったの3行!?」「たったの30秒？」と思われるかもしれませんが、3行・30秒は意外と長いです。

盛り盛り合戦

私は管理職を対象にしたセミナーでは、最初に「講座で期待する成果」と「名前・勤続年数・現在の役割」をポスト・イットに書いてもらいます。制限時間は1分です。ほとんどの人が1分ギリギリで書き終わります。

次に「ポスト・イットに書いたことを発表してください」とマイクを順番に回します。ポスト・イットに書いたことだけ発表すれば10秒もかからずに終わるはずです。

ところがみな1分以上話す。「ポスト・イットに書いたことだけ」と言っているのにそれ以外の内容を加えるのです。「えっと私は○○が苦手なので～」「今は部下はいないのですが～」だのと前置きだけで30秒くらい話してやっと期待する成果を読む。名前、勤続年数は1、2秒で終わり、現在の役割も課長ですと書いたことを読んだあとに、梱包材を扱っているだの、部下は全員年上だのと再び情報を盛り込みます。前の人が書いたこと以外の情報を加えると、次の人も、また次の人も書いたこと以外を話す。

そこで私が「書いてあることだけ読んでください」というと、次の人は5秒程度で終わり、2、3人は続きますが、再び〝盛り合戦〟が始まります。

結果、伝えて欲しかった「講座で期待する成果」がなんだったのかがぼやけ、私がオーダーした情報以外の話、たとえば部下は全員年上とか、梱包材のことだけが記憶に残ります。発表者は伝わるようにと、情報を盛ったはずなのに、肝心要が聞こえなくなる。伝えたいことが伝わるためには、盛り情報を徹底的に減らすことが肝心です。

また、職場では短文にする際に、共通の略語や隠語があると便利ですし、仲間意識も高まります。リマ、へそ天、アナゲン、バラし、ケツ、赤、ろんぱく……、これは「空を飛び、空模様を予想し、人の心模様を研究する」私の各々のキャリアでの業界共通ワードです。興味ある方はググれば簡単に出てくるのでやってみてください。

×起承転結　◎結意具決《けついぐけつ》

当たり前のことですが、職場は「仕事をする場所」です。どんな仕事であれ、仕事の9割は好むと好まざるとに関係なく、やらなければならない仕事の繰り返しです。それをきちんと手を抜かずに続けるには、「時々やる気」をチャージする出来事が必要です。しかも、職場の人間関係は好きとか嫌いとか関係なく、たまたま配属になったチーム、たまたま隣の席になった同僚、たまたま上司や部下になったメンバー、たまたまお店に来たり、たまたま商品を買ってくれたりしたお客さんなどですから、とても疲れます。

一方で、私たちは独りきりで働くことが、いかに孤独で不安でやる気を失わせるかを知っています。リモート勤務は便利だし、楽だし、自宅やカフェで独りでやった方が集中できるケースもありますが、それだけでは「時々やる気」はチャージされません。リモート勤務であれ、在宅勤務であれ、ハイブリッド勤務であれ、職場の人間関係の良好さが重要なのです。

伝えたいことがちゃんと伝わることは、良好な人間関係を築く礎《いしずえ》になります。そのためには「何で伝えるか」と「3行・30秒ルール」に加え、「結論」から伝えるのが望ましいです。起承転結ならぬ、結意具決《けついぐけつ》の短文構成です。

●結＝結論とはオチです。

オチは最後にいうものと思い込んでいる人がいますが、オチを最初にいった方が伝わります。たとえば、いいドラマのシナリオは最初の数分間で、コメディなのか、サスペンスなのか、ラブストーリーか、ファンタジーなのかを巧みに伝えています。人は「笑っていい」と知っているから笑い、悲しい物語だと知るから悲しくなる。笑うから愉快になり、悲しくなるから泣く。オチを先に聞いた方が、どういう心構えで話を聞けば（読めば）いいいかわかる分、伝わりやすくなります。

●**意**＝意味とは、何のために伝えるのか？　仕事に役立つことか？　です。
人には意味をもとめたがる心の動きがあり、意味があると思うから話を意識的に聞こうと思うし、意味があると思うからこそ、意識的にちょっと大変でもやってみようと動機づけられます。

●**具**＝具体例とは、イメージできる具体的な物語を入れたか？　どうかです。
物語ではそこに登場する人物を聞き手がイメージし、自分の感情と結びつけながら話を聞くため、難しい話も伝わりやすくなります。よく挙げられる例として、アメリカ人に「アメリカ人の理想は？」と聞くと、「正直さ」と答える人が多く、それは「桜の木を切ってしまったことを白状したジョージ・ワシントンの物語」が受け継がれているからだと言われています。

●**決**＝決め台詞とは、相手がホッとする、あるいはやる気が出る、温度ある言葉です。

▼ケース1：新しい営業先を取った部下を労《ねぎら》う場合

結＝「がんばったことへの感謝」
意＝「フォローの重要性を伝えることが部下の役にたつ」
具＝「フォローの具体例」
決＝「私が責任を取ってやる。君なら大丈夫だ！」

これを基に選択したコミュニケーションスタイルで、3行・30秒ルールで伝えます。

〈**対面の場合**〉

「お！　上田くん、昨日は素晴らしかったですよ！（満面の笑みを浮かべる）あとはフォローを徹底して、長い付き合いにさせてもらいましょう。（上司らしい表情で）早速お礼のメールを送って、チームのみんなにも顧客情報をシェアしておいてください。
いやぁ～本当に素晴らしかった！
（力強い言葉で）私がすべて責任を取るから、がんばれ！　君なら大丈夫だ」

これで20秒です。

〈チャットの場合〉前記を分解して、相手のリアクションがあってから次を打ちます。
上司「上田くん！　昨日は素晴らしかった！（拍手・絵文字）」
部下「ありがとうございます！」
上司「あとはフォローの徹底だな」
部下「り」
上司「早速お礼のメールを送ってください（お願い・絵文字）」
部下「り」
上司「チームのみんなには顧客情報をシェアしてください」

部下「り」
上司「でも、本当に素晴らしかったですよ（拍手2個・絵文字）」
部下「笑顔（絵文字）」
上司「私がすべて責任を取るから、がんばってください！　君なら大丈夫です！」

若い世代の超短縮リアクションや絵文字は、自分がリアクションするときの参考になります。

いつの時代も若者言葉には、会話を転がす効果がありますので、目くじら立てるくらいならどんどん真似ちゃいましょう。

〈メールの場合〉

昨日は素晴らしい働きに感動しました。あとはフォローです。○○さんにお礼メールを送って、チームメンバーに顧客情報をシェアしてください。私がすべて責任を取るから、自信をもってがんばってください。君なら大丈夫です！

はい。3行です。メールの場合は、件名に結論＝「がんばったことへの感謝」をいれてもいいですし、「すばらしい！」と感情だけの短文にしてもいいです。

最後の決め台詞は「あなたの決め台詞」として、いつでもどこでもどんなときでも「同じ決め台詞」を使うと、あなたの情報の一つになります。

「最後は私が責任を取る」「がんばってるな！」「君なら大丈夫だ！」という決め台詞を使うだけで部下の不安は軽減される一方で、「大丈夫。私にもできる」と部下の自己効力感が高まります。自己効力感は自分の行動への自信です。

上司が部下にできることといったら、信頼と共感を示し、彼ら彼女らの可能性を信じることくらいしかありません。この3つの決め台詞はどんどん使ってください。言葉にしているうちにそれが言霊《ことだま》として自分の立場を支える言葉にもなることでしょう。

▼ケース2：仕事のやり方に不安があることを先輩に伝えたい場合

結＝「教えてください」
意＝「チームの成果に貢献できる」
具＝「課長に新しい案件の資料をまとめるように指示されたが、ポイントがわからない」
決＝「なんでもやります！」

これを基に選択したコミュニケーションスタイルで、３行・30秒ルールで伝えます。

〈対面の場合〉
「先輩、今ちょっとよろしいでしょうか。教えていただきたいことがあります。もっと成果を出したいのですが、うまくできなくて。課長にこれを（資料を見せる）まとめるよう指示されたのですが、ポイントをどうやってみつければいいのでしょうか。お忙しい中、すみません。なんでもやりますのでお願いします！」

これで25秒です。

〈**メールの場合**〉

先輩、教えていただけますか？　もっと成果を出したいのですが、スキル不足でうまくできません。課長に資料をまとめるように指示されたのですが、ポイントがわかるコツを教えてください。なんでもやりますので、よろしくお願いいたします。

はい、3行で終わります。

また、ケース2を伝えられた先輩は、後輩にコツが伝わるように質問に答える必要があります。その場合も同じように「結意具決」と「3行・30秒ルール」で伝えます。

結＝「キーワードをみつけることが仕事に役立つ」
意＝「部下のやる気を高める」
具＝「自分の場合は、こうやって自分が気になる言葉に赤線をひっぱって、それをまとめて書き出して～」
決＝「自分を信じろ！」

といった具合です。

聞かれていることに答えるには、相手の聞き方が鍵を握るので、相手の伝え方が悪いといい答えも引き出せません。いい質問はいい答えを引き出します。ところが、みんな答えることには必死ですが、質問はおろそかにしがちです。

職場では質問される機会も多いので、「いい質問だな」と感じたときは、それをメモに書きとめ、自分が質問するときの参考にしましょう。また、「こんなこと質問していいのか？」と躊躇《ためら》う人がいますが、自分が勇気を出して質問したことは、１００％みんなの役に立ちます。

実際、私は講演会で最後に質問コーナーを設けるのですが、どんなに私のプレゼンで会場が熱気を帯びても、現場のリアルな声にはかないません。誰もが似たような経験をしたり、悩みをかかえ答えを求めているのです。

プレゼンは「結意具問」

「結意具決」は職場で伝わるコミュニケーションの基本形です。会議やプレゼンなどで一方的に話すときや、リアルでは会ったことのない人とのやりとりにも使えます。

プレゼンでは最後の決め台詞を「問題提起」に変え「結意具問」にすると場に熱が加わり、コミュニケーションが活発になります。自分が主役になるプレゼンでは、つい「私は何でもしっている」張りに大きく見せたくなるものですが、いいプレゼンとは、聞いた人を巻き込み、参加者が「何かを言いたくなる」伝え方です。

そこで「問題提起」です。

プレゼンをしたとき一番困るのが予期せぬ質問です。なので逆に、問題になりそうなことを先に投げ、参加者にも一緒に考えてもらいましょう。また、参加者の意見や質問に対し、的確に答えることも求められますが、「~という理解でいいですか?」といったん相手の意図を確認すると、相手をさらに巻き込み、答えやすくなります。

レスは3秒、プラス？

繰り返しますが、伝えたいことがちゃんと伝わることは、良好な人間関係を築く礎になります。

そのためにはレスポンスの速さも肝心です。特にリアルで会ったことのない社外の人とのメールやチャットを使ったやりとりでは、レスポンスの速さで相手に信頼と共感が伝わります。

30秒・3行プラス3秒で返すようにしてみましょう。内容次第では結だけでいい場合もありますから、「承知しました」「調整して連絡します」「ありがとうございます」だけでも、とりあえず返してください。

さらに、リアルで会ったことがない人とのやりとりでは、役職や肩書きを脱いで「ただの人」として決め台詞を使うとそれだけで仕事がやりやすくなります。

- ご自愛ください
- お体を大事になさってください
- どうかお元気で
- 温かくしてお過ごしください
- 風邪にご用心ください
- お会いできる日を楽しみにしております

- Best wishes, Love

なんていうのもありかもしれません。

第2章

友人関係での魔法の伝え方

人間関係リセット症候群

「友と共に暗闇の中を歩く方が、一人で光の中を歩くよりいい」

これはアメリカの作家であり、障がい者権利を訴え続けたヘレン・ケラーの言葉です。幼少期に視覚と聴覚を失ったヘレン・ケラーは生涯の友となる家庭教師のアン・サリバンとの出会いにより、コミュニケーション能力を獲得しました。そのヘレンの言葉だけに説得力があります。しかし一方で、友と共に歩くのが面倒になり、1人の方が楽！　と思うこともしばしば。最近は「だったら切ってしまえ！」と友だちをリセットする人が増えてきました。

ある調査によると41％の人が、自ら長期的に連絡を絶つ「人間関係リセット」を経験し、属性では女性と50代が多かったそうです。きっかけは「面倒・うっとうしい」「価値観や性格が合わない」で、電話帳の連絡先を消す、ＬＩＮＥの返事をしない・見ない、はがきでの連絡をやめる、メールの返事をしないなどの方法をとっていました（クロス・マーケティング株式会社「人間関係に関する調査（２０２４年）」）。

さらには若者を中心に、ある日突然ＳＮＳから消えて音信不通になる「人間関係リセット症候群」も広がっています。「1月に1回はリセットしてる」「ストレスが極限になって消えた」「ＬＩＮＥは何回やったかわからない」「友だちいなくなったら落ち込む原因なくなるし、リセットしたい衝動にかられる」など、まるでゲームのリセットです。あまりにも軽く言われてしまうと、「おいおい！　こっちは生身の人間なんだぜ！　ものじゃないんだぜ！」と突っ込みたくもなりますが、これが職場とプライベートでの人間関係の違いです。

職場の人間関係は自分で選べないのに対し、プライベートでは友だちになるもならないもリセットするも、自分で選べます。職場の人間関係は仕事の達成が目的ですが、プライベートのそれは「人生の豊かさ」です。職場では感情的になるのは御法度ですが、プライベートでは感情的になった方がいい場面もあります。**感情のぶつかり合いの中で、自分の未熟さや勝手さを認識し、責任、他者との関わり方を学んでいくのも、豊かな人生のピースになる。「友情」は、人間が集団で生きるために発明したと言われるほど、極めて人間的なつながりなのです。**

友だちいますか？

プライベートの人間関係は「私」次第であるがゆえに、リスクも伴います。社会的孤立です。

社会的孤立は家族やコミュニティとほとんどつながりがない状態です。孤独と混同されがちですが、孤独が「社会的つながりが十分でないと感じる主観的感情」で、家族といても職場にいても感じるものであるのに対し、社会的孤立はきわめて客観的な状態です。社会的に孤立していても孤独じゃない人もいます。ただし、どちらも共通して心身を蝕《むしば》む魔物です。

孤独感が、１日15本のタバコを吸うのと同等の健康被害をもたらすなど寿命に影響することは広く知られていますが、社会的孤立も同等あるいはそれ以上に深刻です。

千葉大学予防医学センターの研究グループが、3万7604人の健康な高齢者を対象に2010年から約6年間追跡し、死亡との関連を分析したところ、社会的に孤立している人はそうでない人に比べ、総死亡リスクが1・20倍、癌死亡リスクが1・14倍、心血管疾患死亡リスクが1・22倍も高いことがわかりました。影響は人により異なり、高収入・都市部在住・非婚姻・退職後の高齢者ほど、社会的孤立の影響が強かったという予想外の結果もでました。

一般的には低所得者層ほど健康をそこないがちというイメージなのに、なぜ、経済的に豊かな人のほうが社会的孤立の影響をうけてしまうのか？　研究チームはこのパラドクスを「相対的剥奪」の概念で説明しています。わかりやすくいえば「嫉妬」です。

経済的な余裕がある人は大抵の場合、同級生の出世頭であり、同期のエリートであり、社会の勝ち組です。社会階層最上階の椅子をゲットし、権力を手にいれ、現役時代は会社という枠組みを超えて、政府やら政治家やら大学やらの社会的地位の高い人たちとつながり、他者から羨望のまなざしを向けられてきました。

ところが退職した途端、肩書きが消え、ヨイショしてくれる部下が消え、肩書きの切れ目は縁の切れ目とばかりにお歳暮が消え、年始に挨拶に来る人も消え、年賀状も激減します。ふと周りを見渡せば、釣り仲間とクルージングだの、孫たちと遊園地に来ただの、友人の会社を手伝うことになった、だのと幸せそうに話し、満面の笑みの写真をSNSにアップしている〝元仲間〟たちがいる。「自分より下（あくまでもその人の基準です）」の人でさえ見たこともないような弾けた笑顔で、地域の人たちと神輿《みこし》を担いでいる写真やら、若い人たちと飲んでいる様子やらをアップしています。「自分はここまで散々がんばってきたのに、なぜあいつの周りにはあんなに人がいる？　なぜ、あいつにまで負けるのか？」この嫉妬心が悪さをするのです――。

それまで積み上げてきた努力が未来の社会的地位を保障すると信じ、当然得られると思っていた結果が奪われたと感じると、憤りや不満で心が乱れ疲弊します。そもそも人は「手に入れたものを失う」のが大嫌い。この人間のやっかいな本性をアカデミックに説明したのが「相対的剝奪」の概念です。

相対的剝奪感は身体的健康や精神的健康にネガティブに作用し、人生満足度や主観的ウィルビーイングを低下させてしまうのです。

何でつながる？　場でしょ！

では、社会的孤立を防ぐにはどうしたらいいのか？　答えは件《くだん》の研究グループが以下の3項目のうち2つ以上が該当した場合を「社会的孤立」と定義した中にあります。

（1）一人暮らし
（2）友人との会う頻度が月1回以下
（3）社会活動（スポーツ、趣味、ボランティア）に、毎週参加していない

右記を踏まえ、
（1）誰かと一緒に住む
（2）友人と月2回以上会う

（3）社会活動（スポーツ、趣味、ボランティア）に毎週参加する

これでオッケーです。

とはいえ、定義はあくまでもベースラインで対象者を振り分けるためのものです。今、一人で暮らしている人が「社会的孤立しないために誰かと一緒に住む」なんて非現実的ですし、友だちと月2回以上会いたくても「友だちがいない」人も少なくありません。

私も友だちは、なんとかYちゃんだけはキープできていますが、私もYちゃんも働いていますから、月2回会うなんてムリ。あと何人か友だちがいればいいのかもしれませんが、もともと少ない上に、一人消え、二人消え、Yちゃんだけしかいなくなりました。そのたった一人の友だちでさえ、連絡もしないまま半年くらい平気で過ぎてしまうのですから、月2回なんてあごで背中をかくようなものです。

そこで**「社会的活動＝場でつながる」**です。

スポーツ、趣味、ボランティア、マンションの理事会、町内会、などの場に加え、行きつけの喫茶店、飲み屋、ご飯屋さんなど、「そこにいけば誰かがいる」場を具体的に作り、ルーティンにすれば社会的孤立は免れます。昔やっていた趣味の場、いつかやってみたいと思っていたスポーツの場、誰かの役にたつボランティアの場を作り、細くても長く続けるのがベストです。たとえばこんなふうに。

▼ケース1

現役時代の趣味はゴルフ。定年後はゴルフに加え、「今までやってないことをやろう」と独学で古文書の基礎を学んだのち、古文書の勉強会に参加した80歳男性の場合。

Q1．趣味の古文書のネットワークについて、在籍年数、頻度、個人的なつながりの有無を教えてください。

A. 1　県主催古文書の会――数年在籍／月1回／個人的なつながりは無し
2　上級者による初心者への予習会――数年参加したが、指導者が亡くなられて会が解散した／月2回／無し
3　市主催の勉強会――10年／月1回／古株となったので幹事の方と内容調整など
4　県歴博友の会古文書指導会――数年／2カ月に1回／無し
5　都歴博の古文書講習会――10年くらい／月1回／無し
6　同好者の方との勉強会――5～6年／月2回・喫茶店／古文書以外の話もするが、プライベートなことはあまり知らない

Q2. 1～6のネットワークは、それぞれどういう存在ですか?

A. 単に古文書を勉強する機会という存在。

Q3. それぞれの会に参加し続けられたのは、なぜですか?

A. 古文書を勉強しようという意欲でしょう。

Q4. 今後もまた行ってみたい会はどれですか？

A. どの会もできれば参加したい。

このように男性は「古文書」の場を介して他者とつながり、上級者に教えてもらい、やがて上級者になり、次の初心者に教え「場」をつないでいました。いくつものネットワークがあることで、毎週参加する「場」ができます。同じ趣味を持つ気の合う人との同好会の場は「喫茶店」です。プライベートなことは知らない関係について男性は、「その方が気楽に付き合えるし、長く付き合える」と話していました。

実はこの80歳の男性は私の父。この〝調査〟は父の最終章を彩るために立案した、架空の社会調査です。

「100歳まで生きる」と誰もが信じて疑わないほど元気だった父が、ある日「胸がむかむかする」と病院に行ったところ、「3カ月」という命の時間を告げられました。1週間前まで連日ゴルフに行きまくっていたのに信じられませんでしたが、父の体に棲みついた癌は瞬く間に、父の体力と気力を奪い、背中はどんどん小さくなり、ポジティブの塊だった父から笑いが消えていきました。

そこで母と相談し「父の仲のいい友人に病状を話して、家に遊びに来てもらえば、きっと喜んでくれる!」と考えたのですが、同窓はみな高齢で他界したり病気を患っている人もいたりで、誰を呼べばいいのかがわからない。

そこでまずはそれ以外の父の交友関係を調べようと、「高齢者のプライベートのネットワークの調査研究をやってるので参考にしたい」と架空の依頼をし、趣味のゴルフと古文書の交友関係の情報を得たのが前記です。

残念ながら私が期待したような〝友だち〟をみつけることはできませんでしたが、古文書の友だちの友だちはみな友だちだ。みんなでひろげよう友だちの輪!的に、そこにいけば誰かがいる「場」が連鎖的にひろがっていたのには驚きました（ゴルフも内容・構造的にはほぼ同じ）。父のケースはリタイア後のネットワークですが、多忙な30代、40代、50代も全く同じです。

古くから世界中の人々がカフェやパブ、公園などに集まることで互いに社会的なつながりを見いだし、「そこに行けば自分を知っている人がいる。自分を受け入れてくれる場所がある」と安らぎを感じてきました。

コミュニティは人と人をつなぐ社会ネットワークであるとともに、そこには人々をつなぐ空間＝場が存在します。また、コミュニティは何らかの意味で閉じていて、「我々と彼ら」といった外部との境界線を持ちます。この境界線こそが仲間意識をもたらします。

「プライベートなつながり＝友だち」と考えがちですが、互いが深く付き合う必要は必ずしもありません。知り合いになるくらいの気持ちで「場」に溶け込めば十分です。

最初の10秒でゆるくつながる

場に溶け込むには「私はあなたと同じです」というメッセージを伝える必要があります。勝負は最初の10秒です。

演出家であり、漫画原作者としても活躍する竹内一郎さんの『人は見た目が9割』がベストセラーになり「結局は見た目かよ」とガッカリした人もいますが、見た目は視覚情報だけできまるわけではありません。

発せられる言葉、声のトーンや話す速さ、醸し出す雰囲気など、その場にいることで得られる無数の情報で決まります。ここで鍵を握るのが幼稚園で習った「人」としての正しい行ないです。「おはようございます」「こんにちは」「こんばんは」とあいさつする。「ありがとう」「ごめんなさい」と気持ちを言葉にする。「お先にどうぞ」と相手に譲る。こういった幼稚園でならった「人」としての行ないを実践するだけで、見た目オッケー9割クリアです。

人としての行ないは筋トレです。「筋トレ」に深い気持ちはいりません。下手に気持ちを込めすぎると「なんで私が挨拶したのに、アイツは無視するんだ！」「なんでこっちがお先にどうぞ～って譲ってんのに、ありがとうも言わないんだ！」などとイラッとしてしまうのでやっかいです。

まるで腹筋をするようにお腹を見て「おはようございます」「ごめんなさい」と声に出す。ストレッチのように手を伸ばし「お先にどうぞ」と声を出す。筋トレを続けるだけで「私はあなたと同じです」というメッセージになり場に溶け込むことができます。私はこのような「ただの人」としてのつながりを「ゆるいつながり」と呼んでいます。

ゆるいつながりは、職場で役職定年で第一線から強制退去させられ、居場所を失ったときにも使えます。

これまで私がインタビューをしてきた人たちの中で、印象的な笑顔を見せてくれる人は、例外なく「ゆるいつながり」を大切にしていました。

ある人は資格を取るために毎週専門学校に通い、ある人は若い部下たちとの朝活に週1で参加し、ある人は月1回の町内会に、ある人は週末のボランティアに参加するなど、「場」に集い、年齢もバラバラ、勤める会社も業種もバラバラ、性別もバラバラの人たちと、ただの「人」としてつながる努力をしていたのです。一方で、縁をつなぐも切るも自由、つながりに固執する必要もありません。「50の手習い」というように、〜〜やってみたい！ 学びたい！ 気持ちさえ忘れなければ、「場」はいくつになっても作れます。

長年会社などの組織に属していると、属性を身にまとった付き合いが多くなりがちですが、属性の関係ない「ゆるいつながり」は案外心地いいものです。そういえば件の〝男性80歳〟も、「プライベートなことはあまり知らない方が気楽に付き合える」と言ってましたしね。属性や肩書きは脂肪のようなもの。30代、40代の人たちも、会社の外では「ダイエット」を実行してください。

初対面の人とつながる

初対面の「場」で最初の10秒をクリアしたあとは、挨拶した人と短い会話でつながれば場に溶け込むミッションはほぼ成功です。ここでは三項関係をうまくつかってみましょう。「他者」と「自分」という二項関係に「他者」と「自分」を媒介する「対象」を加えるのが「三項関係」で、これは人間だけが持つコミュニケーションの手法です。

たとえば、2人で荷物を持ち運ぶ作業をするのに、私たちは相手の持ち方や姿勢、持って行こうとする方向を、相手の動きや視線から読み解き、相手と合わせながら運ぼうとします。お互いをつなぐ〝机〟が見つかれば、それが互いをつなぐ糸になります。

〈期待される会話1：古文書の会〉

「こちらの古文書の会は長いのですか？」

「いやいや、まだ3年ですから初心者、ひよっこです」

「えっ！　3年で？」

「はい。ほらあそこの白髪の男性は10年ですし、あのひょろっとした男性も確か6、7年来てるんじゃないかなぁ」

「じゃあ、私なんかの初心者が来る場所じゃないですね」

「何を言ってるんですか（笑）。全員最初は初心者ですよ。定例会開始前に初心者でも取り組みやすいように、30分くらい古参会員が古文書の判読に必要なくずし字とか用語を教えてくれるから安心してください。私もね、すぐ忘れちゃうからたまに出てるんですよ。ご一緒しますよ」

「三項」に小物を利用するのも効果的です。

〈期待される会話2：ランニングサークル〉

「そのシューズ、かっこいいですね」

「コレですか?～　昔のやつなんですけどね。走りやすいんですよ」

「厚底じゃないんですね」

「自分の足には合わないみたいで。フィッティングしてもらってます?」

「いえ、やった方がいいとは思っているのですけど、まだちょっと」

「あそこの角にスポーツショップがあるでしょ?　コンビニのとなりの。ここのサークルの人も結構行ってるみたいですよ」

何か一つ、共通の「三項」を話題にできれば、糸がつながり次回に続きます。

ただし、確固たる居場所を得るまで、メンバーたちの会話には無理やり加わらない方が無難です。むしろ傍観者として、人間ウォッチングに徹すると、その人たちの人間性と関係性が見えてきておもしろいです。「ああ、あの人がリーダー的存在なのか」「あの人、見た目はソフトなのに結構気が強い」「あの人とは気があうかも。あとで話かけてみようかな」などなど、知っておいたほうがいい情報がやまほど見えます。**職場では傍観者は否定的に捉えられますが、プライベートでは傍観者の方が「でしゃばらないいい人」としてメンバーに伝わります。**

気配りより目配りを

「場」を共にする仲間として確固たる居場所を得るには、目配りとサンタマインドが求められます。目配りをして「人」としての行ないをする。会場の準備で椅子を並べている人が見えたら一緒に片付ける。プリントを配っている人がいたら手伝う。床にゴミが落ちていたら拾う。それだけで謙虚な人と思われます。

また、「サンタマインド」を活用するとウケます。どこかに行ったときのお土産や、近所で人気のお菓子などを、まるでサンタさんのように配る。食べ物を分け合うことは人と人とをつなぐコミュニケーションです。その場に集うメンバー全員と会話をするのは難しいですが、サンタマインドを発揮して「これどうぞ」とお土産を配れば、その場にいるすべてのメンバーと対面できます。ただし、高いものはあまりよろしくない。嫌味な人と思われるリスクがありますので、お手軽なサンタさんで。

目配り、サンタマインドを活用し、その場が自分にとって心地いい場、楽しい場になれば大成功です。何回か場に通ううちに、ラインやメアドなどを交換するようになったら、3行メールでフォローをすればつながった糸の強度が高まります。月1回顔を合わせるだけでも質のいい関係を作れますし、その場に行くこと、続けることのモチベーションにもなります。いずれにせよ、そういう関係づくりは「最初の10秒」が勝負です。

あの人はどうしてるかな

働く時間が延び、セカンドキャリア、サードキャリアを生きる時代となりました。企業をわたり歩く人もいますが、もっと自由に働きたい、自分がどこまでやれるのかを試してみたい、との思いから起業する人が増えています。

２０２０年の起業家の平均年齢は43・７歳で、過去20年間で最も高く、13年度以降、８年連続で上昇中です。50歳以上の起業家は全体の26・３％を占めます。

そんなとき頼りになるのが、「あの人はどうしてるかな」と頭に浮かぶ昔の仕事仲間です。

「またの機会に！」とメールでやりとりしたまま1年2年、いや、5年近くが過ぎ、連絡をしたくても、連絡をしてしまっていいのか？　何で連絡したらいいのかもわからない。電話がいいのか？　メールがいいのか？　最近はもっぱらラインが主流なので、ラインの方がいいのか？　「ご遠慮せずに、なんかあったら連絡してくださいね」と言われていたけど、あれは本心なのか、ただの社交辞令か？　などなど迷いは尽きません。「○○さん、どうしてるか知ってる？」などと共通の知り合いに聞き、運良く相手の近況がわかっても、いざ連絡しようとすると、何を、どこまで書けばいいのか？　も迷う。特に、規模も資金も小さい「ゆる起業」だと、お金を稼ぐ段階にたどり着けるかどうかもわからないので余計迷います。

しかし、フラれたところで失うものは何一つありません。迷ったときは1、2の3、で、相手を信頼して飛び込む。裏切られてもいいから飛び込む。失敗を怖れるよりも、何もしないことを怖れろ！　の精神です。ただし、仕事とプライベートの中間に位置する関係である点を意識した方がいいですね。

・職場の人間関係は仕事の達成が目的・プライベートは豊かな人生が目的。
・職場の人間関係は自分で選べない・プライベートは自分で選べる。

ここから考えると「あの人は今」ネットワークは、目的は仕事づくり、選ぶのは相手です。

この関係性を担保するのが、コミュニケーションピラミッドの下位に位置するメールです。

やはり「3行ルール」がいいのですが、「あの人は今」の場合は、相談をするスタンスにすると相手の反応で、相手の心情をある程度推しはかることが可能です。

1行目：昔のお礼、その後の影響、自分の近況。
2行目：相談内容、何を、どうしたいか？
3行目：対面で会えるかどうかのお伺い。

３日待って返事がない場合は諦める。あるいは、送ったメールを相手が見過ごした、もしくはゴミ箱に振り分けられたリスクもゼロではないので、再送してもいいかもしれません。その際には、「お元気ならよいのですが、お互い何があってもおかしくない年齢なので……念の為再送させていただきます」などと一言加えてください。私の経験上、40代以上には効くフレーズです。

幸せな人生の条件

ハーバード・メディカル・スクールの研究者たちが「人生を幸せにするのはなにか？」を調べるために、85年にわたり追跡した研究があります。1938年に始まった研究で、人々を10代の頃から老年まで追い、幸福と健康の持続に本当に何が必要なのかを探索したのです。

85年間、2つのグループに分けた724人の男性を追跡。1番目のグループは研究が始まったとき、ハーバード大学の2年生で、第2次世界大戦中に大学を卒業した268人。その殆どが戦争経験者です。2つ目のグループはボストンの極貧環境で育った456人です。研究結果が報告されたとき、元の724人の内の約60人が健在でした。

「幸福の方程式」を求めて半世紀以上続けられた研究で明らかになったのは、「人を幸福にし、健康にするのは、人間関係だった」という、極めてシンプルな事実です。

「家族や友人、会社や趣味の仲間たちとつながり」を持っている人は健康で長生きし、「身近な人たちといい関係」にある人は生活の満足度が高かった。そして、「いざというときに頼れる人がいる」と、幸福感が高く、脳も元気で、記憶がいつまでも鮮明でした。

50代のときに「いい人間関係」を持っていた人ほど、80歳でも健康で、とくにパートナーとの関係に満足していた人は、身体的な問題を抱えていても「精神的には幸せ」と答えたそうです。

人生の中盤になると、

- 自分はうまくいってるのだろうか、
- 自分は老害になっていないだろうか、
- あと何年生きるだろうか、

・自分にとって本当に大切なことはなんだろう、
・人生でやりたいことはあるだろうか、

などの疑問が、ふとわいてくるものです。

この疑問を解決に導くのが、次世代との関わりです。心理学では「ジェネラティビティー」と呼びます。前述のハーバード・メディカル・スクールの研究では、幸福度・充実度の高い人たちは「自分のために何ができるだろうか」という問いを、「自分以外の人や世のために何ができるだろうか」という問いにうまく切り替えていたそうです。

幸せの基準は人それぞれです。でも、日常の中にこそ幸せは存在し、その中に大切な人がいて、誰かの役にたってこそ幸せを感じることができます。職場でも、プライベートでも、ジェネラティビティーもヒントに、伝わる半径3メートルの世界を作ると、意外な幸せの種が見つかるかもしれません。

第3章

言葉が伝わらないのはなぜ?

自分の言葉で伝えてみたい

キャビンアテンダント（ＣＡ）――。私が社会人として最初に就いた職業です。

小学４年生から中学１年生までアメリカで暮らした経験があった私は、「英語を活かすことができて、世界を股にかけた仕事に就きたい！」と願い、ＣＡに憧れました。そして希望どおり、ＡＮＡ（全日本空輸）の国際線ＣＡになることができたのですが、４年間で辞めてしまいました。

理由は、「将来イキイキと働いている自分の姿を、全く思い描くことができなかった」こと。ＣＡの仕事自体は楽しかったのですが、どこに行っても「スッチー」と呼ばれることが窮屈になり、「みんなと同じ制服を着て、マニュアルに沿った仕事をするのはイヤだ」という気持ちばかりが強くなっていきました。

30歳を前にして私は、生意気にも「スッチー」ではなく、「河合薫」でありたいと思うようになったのです。

でも、せっかくなったCAを辞めるには、それなりの勇気もいりました。「辞めるのであれば、何をしたいかくらいは決めておかないと……」。

そう考えた私は、「何をしたいのか?」と自分に問い続けました。おそらく1年くらいは、〝辞める理由探し〟に翻弄されていたように思います。

そして、たどり着いたのが、

自分の言葉で伝える仕事がしたい――、ということだったのです。

「自分の言葉」なんてなかった!?

今から思えば、なんと「横暴な」理由だったのだろうと、自分でも呆れてしまいます。ただただ漠然と、「自分の言葉で伝える仕事がしたい」と、CAを辞めたのですから、完全なる若気の至りとしか言いようがありません。

だって、「自分の言葉」など持っていないことに気付くこともなく、辞めたのです。

ですから、辞めたあとは大変でした。中途採用を行なっている会社を受けまくったのですが、どこの会社も採用してくれません。

そりゃそうです。元ＣＡなんていっても、何もできません。ファックス一枚送ることもできません。しかも、帰国子女といっても、私の英語は耳から覚えた子供英語で、ビジネス英語は話せません。

お恥ずかしいことに、ＡＮＡを辞めて世間の冷たい風に吹かれたことではじめて、「自分には伝える言葉などなかった」ことに気付いた。

おまけに当時の私の、「自分の言葉で伝える仕事がしたい」という気持ちは、「伝える自分」ばかりが念頭にあって、「伝える相手」のことはほとんど見えていなかった。それ以上に、「なぜ、私は伝える仕事がしたいと思っているのか？」ということを深く考えることも、なぜ、自分の言葉にこだわったのか？　その「なぜ」を考えることすら全くありませんでした。

「自分の言葉」を求めて飛び込んだ、お天気の世界

とはいえ、辞めてしまったのですから、どうにかするしかありません。そこで、「何か専門的な知識を持たなきゃ、自分の言葉なんか持てない」と考え、必死に情報を集めました。

そんなある日、新聞を読んでいたら、「2年後に気象業務法が改正される」という記事が目に飛び込んできました。天気予報が自由化され、気象予報士という国家資格を取得すれば独自の予報を発信できるというのです。「これだ!」。ひらめいた私は「自分の言葉」を求めて、お天気の世界に入りました。

そして、民間の気象会社に勤めて天気のブリーフィング（説明・解説）をしたり、テレビで気象予報士として天気予報を担当したり、さらにラジオやテレビの番組で司会を務めたりと、実際に伝える側の立場を経験していくうちに、「自分の言葉で伝える仕事がしたい」と頭に浮かんだ、真の理由がわかってきました。

ＣＡを辞めたときには自分でも気付かなかった、「自分の言葉」にこだわった〝ワケ〟。それは長く自分の心の奥底に潜んでいた、少女時代のアメリカでの、言葉が伝わらなかった苦い体験でした。

「自分の言葉が全く通じない」経験をしていたことが、「自分の言葉で伝えたい」という欲求につながっていったのだと、今では確信しています。

名前を聞くのに1時間もかかったアメリカでの体験

小学4年生のとき、父の仕事の都合で、アメリカ・アラバマ州のハンツビルという街に移り住むことになりました。アメリカ南部にあるハンツビルは、首都ワシントンから南西に960キロほど離れたところにあります。

ハンツビルに住む日本人の家族は、わが家だけ。もちろん当時の私は英語を全く話せません。

それでも現地に来て数日たったころ、隣のアメリカ人宅の、私より3つほど年上のお姉さんが、近くの公園に遊びに連れて行ってくれました。異国で接した初めての友だちです。お姉さんは英語で何度も話しかけてくれたのですが、私は何を言われているのかさっぱりわかりません。ただぼんやりと彼女を見つめるだけでした。

そのうちお姉さんも話が通じないとあきらめたらしく、私と並んで一緒にブランコを漕ぐだけで、何も話しかけようとしなくなりました。

2人の間に重苦しい空気が漂います。

「ヤバイ。何か話さなくちゃ。そうだ！　名前を聞く英語なら知っている」

そう思いついた私は、日本にいるときに英語教室で習ったフレーズを言ってみました。

「ワッチャーネーム？」――。「あなたの名前は何ですか？」そう聞いてみたのです。

ところが、「ワッチャーネーム？？？」と、不思議そうな顔をするお姉さん。明らかに通じていません。

それでも私は「ワッチャーネーム？」と繰り返し聞き、お姉さんが「ワッチャーネーム？？？」と聞き返す。そんなやりとりが1時間は続いたでしょうか。

さすがにこれではラチが明かないと気がついた私は、ふと自分の胸に右手を当てて「カオル」と言い、それからその右手をお姉さんのほうに向けました。この仕草を一度だけではなく、何度も何度も繰り返しました。

そして、何回目かのときに、お姉さんが、

「オー！　キャオル！　アイム・ミリンダ」とうれしそうに叫び、同じように自分の胸に右手を当てたのです。

それで私が「ミリンダ？」と聞くと、

「イエス、ミリンダ。マイ・ネーム・イズ・ミリンダ。ユア・ネーム・イズ・キャオル」とゆっくり答えてくれました。

ヤッタ～！　まさしくそんな気分でした。だって、やっと、本当にやっと通じたのです。外国で、言葉の通じない国で、はじめてコミュニケーションが取れた瞬間でした。

互いの名前がわかったところで、今度はミリンダが、「ハッピ・バースデー・ツー・ユー」と歌いながら公園の砂場に1年分のカレンダーを書き、ひとつの日付に丸をつけました。そして、「キャオル？」と聞いてきました。

その日付がミリンダの誕生日であることと、ミリンダが私の誕生日を聞いていることはすぐにわかったので、私も砂場のカレンダーの日付に丸をつけて自分の誕生日を教えました。言葉の通じない異国の地での、身振り手振りのコミュニケーション。言葉の壁を越えて、友だちができたのです。

以来、毎日のようにミリンダと遊び、ミリンダとだけはコミュニケーションがどうにか取れるようになりました。

といっても、会話を交わすというレベルのものではなく、ひとつの単語に身振り手振りを加えることでコンテクストの密度が高まりコミュニケーションが成立したのでしょう。

異国の地でホームシックにならずにすんだのは、ミリンダのおかげだったと信じています。

再び言葉の通じない世界へ放り込まれた

ところが、そのひと月後、再び、言葉の壁に苦労することになりました。

ハンツビルに引っ越したときは夏休み中だったのですが、学校が始まったのです。

やっとできた唯一の友だちのミリンダはミドルスクール、私はエレメンタリースクールと、通う学校が違います。しかも、そのエレメンタリースクールでは私が初めての外国人で、完全なるアウェー。再び私は、言葉が通じない世界に放り込まれました。

休み時間のたびに私の周りにはたくさんの人だかりができて、ひっきりなしにみんなが話しかけてきました。子供たちは、初めて見る黒髪の少女がよほど珍しかったのでしょう。私は、まるで動物園のパンダでした。

それでもクラスメートが集まってくれることは、うれしかった。一人ぼっちにならずにすみました。でも、やっぱり何を言われても理解できないことには戸惑いました。

一対一であれば、ミリンダのときと同じようにコミュニケーションを取ることもできたかもしれません。でも、一斉にみんなが英語で話しかけるので、どうすることもできません。

そこで、私はただひたすら、ニコニコしました。何を言われてもニコニコ。話しかけてもらうことはうれしかったので、ひたすらニコニコしていたのです。

そのおかげと言うべきでしょうか。言葉のやりとりはできなくても、ニコニコすることで、ひとり、またひとりと友だちができていきました。

最初に友だちになったのはクラス一の優等生ジニーです。隣の席に座っていたおしゃべり好きなダイアンも、すぐに仲よくなりました。

彼女たちと友だちになると、今度は2人が他のクラスメートの言葉をゆっくりと簡単な言葉や、ジェスチャーを使って必死に私に伝えようとしてくれました。私もイラストを描いたり、片言の英単語をしゃべったりと、どうにか理解しようと努力しました。

不思議なものです。そうしているうちに単語を覚え、他のクラスメートたちとも意思疎通ができるようになりました。エレメンタリースクールに通い始めて1週間後には、友だちの家に寝袋を持って泊まりに行き、ひと月後には一緒にキャンプにも行きました。

言いたいことが言えないストレス

それでも、3カ月ほどたった頃に、「パパのウソつき！　子供は3カ月でペラペラにしゃべれるようになるって言っていたのに、薫ちゃんはペラペラにならない。ビエェ～ン！」と泣いていました。

言いたいことを言えないことが、ストレスだったのでしょう。

ところが、私の次の記憶は日常会話にも困らなくなって、現地の子供たちと平気で話しているところに飛んでいます。

どこかで〝ポン〟とまるでスイッチが入るように、英語が話せるようになったのか、人間はつらい出来事を忘れる傾向にあるため、「言いたいことを言えなかった」記憶が、知らず知らずに薄れていったのかはわかりませんが。

「思いが伝わった喜び」が心の底に刻まれていた

現地の子供たちと次第にコミュニケーションが取れたことによって、通じ合う喜び、というものが心の奥底に刻まれました。

言葉の通じない場所では、たったひとつのことを相手に伝えるだけでも本当に大変です。身振り手振り、表情など、使えるものはすべて使って伝えるしかありません。そんな苦労をともないながらも、心と心が、ふっとつながる瞬間。それがとてつもなく快感なのです。

ただ一方で、自分の心のモワモワを乗せる船がみつけられないもどかしさや悔しさ、言葉で伝えたいという欲求など、苦しかった体験も強く心に刻み込まれました。

だからこそ、ＣＡを辞めて、次に何がやりたいのかを考えたとき、「自分の言葉で伝えてみたい」という欲求が、顔を出したのだと思います。

伝える側の立場から仕事をしていて、いつも思い出すのがあの少女時代の経験です。民間の気象会社、テレビの報道番組やラジオ、さらには講演会や講義など、さまざまなステージを経験してみると、「言葉」が通じる場所でさえ、「伝える」という作業には、身振り手振り、表情、あるいは間といったものがいかに威力を発揮するかを痛感しました。やはり私たちのＤＮＡに刻まれているのは対面での五感をフル稼働したコミュニケーションで、言葉はコミュニケーションの一部でしかないのです。

アメリカでの体験にあった「伝えるとは何か」

アメリカでの少女時代の体験を、「伝わる」という観点から改めて思い起こしてみると、いくつもの示唆《しさ》が含まれていることに気付かされます。

たとえば、**「言葉のキャッチボール」「五感」「受け取る側の態度」「笑顔」**です。

このうちまず、「言葉のキャッチボール」ですが、言葉の通じない場所ではボールがないのと同じなので、言葉のキャッチボールができませんが、「五感」を使えばコミュニケーションは成立します。

自分の胸に右手を当てて「カオル」と言い、それからその右手をミリンダに向ける。

この仕草は、「私はカオルといいますが、あなたの名前は何ですか」というメッセージです。

相手のミットに投げるボール＝言葉、はありませんが、「あなたにキャッチしてもらいたいものがあるんです」というメッセージは送ることができます。

「伝えたい」と強く願い、仕草、身振り手振り、表情などを駆使し、ミリンダも必死に私が何を伝えようとしているのかを、汲み取ろうと努力しました。

「伝えたい」気持ちと、「相手は自分に何を伝えようとしているのか？」という気持ちの相互作用があって、はじめてコミュニケーションは成立します。

そして、最後の「笑顔」ですが、ハンツビルのエレメンタリースクールでは、英語で何を言われても全然わからなかったので、私はひたすらニコニコしていたことが「いくら話しかけても構わないよ」というメッセージになったのだと思います。

笑顔はコミュニケーションを継続させるための、大切な要素のひとつなのです。

伝えたいことがないなら伝わるはずがない

ここで「そもそも」という話になるのですが、相手に何かを伝えるとき、あなたの中に「伝えたいこと」がちゃんとありますか?

「伝えたいことがあるのは、当たり前だろう」と思われるかもしれませんが、たとえば、行ったこともない外国の話をするよりも、行きつけの居酒屋の話をしたほうが伝わりますし、詳しくもないジャズのことを話すよりも、自分の大好きなサッカーの話をしたほうが相手は真剣に聞いてくれます。

自分の知っていることや、経験した話はわりとすんなり伝わります。それはまさしく、自分発になっているからです。

自分発の言葉は、生きた言葉になります。生きた言葉には相手に訴えかける力がありま す。伝えることが自分発になってはじめて、相手のミットめがけてストレートに飛んでいきます。

〝自分発〟の言葉だからこそ堂々と話せた

民間の気象会社に勤務していた私は、1994年8月に実施された第1回の気象予報士試験を受験しました。合格者は全国で500名、女性は私も含めて12名でした。

合格発表の会場には、たくさんのメディア関係者も来ていて、その中にいた「ニュースステーション」（テレビ朝日系）のディレクターに声をかけられ、その晩、番組に生出演することになりました。

本番では、気象予報士試験の内容や、勤めていた気象会社での仕事内容など、いろいろと聞かれました。といっても、あまりの緊張で何を話したか正確に覚えていません。

ただ、最後に天気図を出されて、「これで天気予報をやってください」と言われたとき、やっと極度の緊張状態から解放されたのを鮮明に覚えています。

「よし！　いつもどおり、自分の天気予報をやればいいんだ」

そう思うことで、自分でも不思議なくらい、落ち着きを取り戻せました。

それは、私が気象会社で、社内の人たちに当日の天気予報を伝えるブリーフィングを毎日行なっていたからです。実際、私は初めてのテレビでの天気予報にもかかわらず、堂々と天気予報を伝えることができました。

番組が終わってスタッフの方たちに、「すごくわかりやすい天気予報だった」と褒められたときは、とてもうれしかったのを覚えています。

私の天気予報は〝自分発〟。生きた言葉だったことと、自分の天気予報をカメラの向こうの人たちに伝えたい気持ちが、スタジオのスタッフに伝わったのです。

相手の求めるものと違ったことは伝わらない

ただの自己満足では相手に伝わらない

お天気コーナーでの天気予報のほかに、自由な企画を5分間ほどできることになり、自分がすごいと思ったことを企画案にして、プロデューサー（番組制作の総責任者）に相談したことがありました。

「よし、こんなにすごいネタだったら、すぐにオッケーをもらえる」と自信満々で企画を提案したのです。ところが、プロデューサーは即却下。苦心して作った企画も、自分への自信も木端微塵《こっぱみじん》です。

「みんなが知らない知識を伝えるのはいいことだし、価値のあることだとも思う。でも、はたして多くの視聴者がその知識を知りたいと思っているのかをよく考えないといけない。もし、視聴者が知りたいことではないなら、それはただの自己満足でしかないだろうし、視聴者には何も伝わらないんじゃないかな」

そう言われて、自分の立てた企画が自己満足でしかなかったことに気付かされました。自覚はなかったとはいえ、自分をカッコよく見せたいという気持ちがどこかにあったのだと思います。

どんなに伝えたい気持ちがあっても、相手にとって知る意味があるか、自分の生活や仕事に役立つか、豆知識として知っていてもおもしろいか？

そこで私が目指したのが、「昼休みのネタになる天気予報」です。次の日、会社に行ったときに、「知ってる？　昨日天気予報でこんなこと言ってたよ！」と誰かに伝えたくなる情報の提供です。

相手を意識することは、「伝わる」のに極めて重要な視点なのです。

第4章

伝える相手を意識しよう

受け手こそメッセージの意味を決める

学問的にはコミュニケーションの定義は126種類以上あるといわれていますが、送り手のメッセージの意味を決定するのは受け手だという点では、どの定義の見解も一致しています。

コミュニケーションは、言葉だけではなく、表情や身振り手振り、話し方、話す速度などのほか、言葉の脈絡、その場の状況、自分と相手との関係（親子、友人、恋人、商売関係、師弟関係その他）、さらには心と心の距離感などのすべてが加わったうえで、メッセージとなります。

たとえば、「好きだ」と面と向かって、告白されたとしましょう。

投げられた言葉は、「好きだ」というひと言だけですが、相手の緊張した表情、汗ばんだ顔、震える声、そのひと言が発せられるまでの時間。そんないくつもの五感に訴える情報が同時に送られ、「この人、すごい緊張しているし、本気なんだ」と相手は受け止めます。

逆に、「キミのことが好きだ」と口では言いながらも、熱意のない表情をしていたら、「私のことからかってるだけかも」と受け止めるかもしれません。

相手との関係性で伝え方も変える必要がある

あるいは、「バカなやつだなぁ」と言われたとしても、相手と近い関係であれば、相手が本当に「バカ」と自分のことを言っているわけではなく、愛情表現のひとつとして、「バカ」という言葉を受け取ることができます。

すると「バカ」って言われているのに、なぜか無性にうれしかったりするわけです。

ところが、関係性の遠い相手に言われたらどうでしょうか？「あいつからバカなんて言われる筋合いはない」と頭にくるのではないでしょうか。「パワハラで訴えてやる！」そんなふうに思うことだってあるかもしれません。

相手との関係性の違いによって、同じ言葉でもメッセージが変わりますから、自分とどういう関係にある人に伝えるのか、関係性によって伝える言葉も変える必要があるというわけです。

相手はメッセージにないことに反応する場合もある

相手が言葉のどこに反応するかによって、メッセージが変わってしまうことがあります。

以前、テレビで天気予報をやっていたときに、「明日は晴れて雨の心配はありませんが、南風が強く吹きます。南風で気温はぐんぐん上がりますので、コートはいりません」と予報したことがありました。

翌日、テレビ局のスタッフのひとりが、大汗をかきながらダウンジャケットを着て出社し、「河合の予報を信じてダウンを着てきたんだぞ！」と怒り始めました。

「何でですか～。ばっちり予報は当たったじゃないですか。今日は暑くなるって言いましたよ」と反論したところ、

「え？　そうなの？　風が強くなるって言っていたから、寒くなるんだと思ってダウンを着てきたんだよ」と言われました。

彼は、「風が強い」という言葉だけに反応し、「南風でぐんぐん気温は上がる」という言葉を聞き過ごしたことで、「風が強い。だったら寒い」と受け止めたのです。

気象予報士にとっては、「南風＝暑くなる」が常識ですが、一般的には「風が強い＝寒くなる」が常識です。

こうしたすれ違いは、日常の会話や仕事上の報告などでも起こります。

「心は習慣で動かされる」とは、アメリカの認知心理学者ジェローム・シーモア・ブルナー博士の言葉ですが、人は習慣＝当たり前に囚《とら》われます。時には、習慣＝常識により、見えているものを見えなくすることもできてしまいます。

有名なのがトランプの実験です。トランプに「赤のスペード」と「黒のハート」を混ぜ、ほんの数秒だけ見せて「なんのカードだったか」を聞くと、ほとんどの人が「黒のハート」を「スペード」と答えるそうです。

黒のハートの4を見せると「スペードの4」と答え、赤のスペードの7を見せると「ハートの7」と答える。人は目ではなく心で見てしまうのです。

心とは実にやっかいで、ときには見えるものを見るのではなく見たいものだけを見たり、聞こえることを聞くのではなく聞きたいことだけを聞くように動くこともある。ひょっとすると伝えたことが100%伝わるなんてことは、奇跡に近い出来事なのかもしれません。

自分が相手からどう思われているか考えてみよう

メッセージの伝わり方で、もうひとつ考えなければいけないのは、お互いの相手に対する評価がメッセージの伝わり方に影響を与える点です。

上司と部下の関係を例にすると、上司が業績の上がらない部下の仕事ぶりをずっと見ていて、その原因は「仕事の要領が悪いからだ」と判断したとします。

すると、部下がどんなに真っ当な意見を述べたとしても、「こいつ、本当に大丈夫か？能力がないのでは？」と疑うようになります。

上司の部下へのそれまでの評価が、部下からのメッセージを歪めてしまうのです。

そこで重要になってくるのが、**客観的に自分を見る眼差し**です。

「自分はあのとき一度失敗したことがあるし、その後も決していい成績とは呼べない状況が続いているから、上司は自分の仕事の能力に疑問を持っているかもしれない」と、少しだけ考えをめぐらせてみるのです。

自分を客観的に見るのは難しいことです。でも、そこであえて謙虚な気持ちで、自分を見つめ直すことが、悪い評価を払しょくさせるきっかけになります。

「なるほど、こちらの仕事の要領が悪かった。上司は日ごろからこちらの仕事ぶりに不安を持っているに違いない」と少しだけ遠くから自分を見つめ、今までの仕事の要領の悪さや仕事上の失敗を反省し、その改善策を示したうえで、上司に意見や報告を述べてみるのです。

「自分が今まで仕事の要領が悪かった要因は、○○だったと思います。それを改善して新しい仕事に取り組みます」などと付け加えれば、上司は今後の仕事ぶりに期待してみようと、好意的な目で見てくれることでしょう。

あまり気にしすぎる必要はありませんが、自分が相手にどう見られているかを考えるのは、とても大切なこと。「私」は他者を通してしか「私」の情報を得ることはできません。人は自分のことを思いのほか知らないのです。

天気予報も朝と夜では伝え方が違う

視聴者は特に意識していないかもしれませんが、テレビの天気予報は、実は朝と夜では伝え方が全然違います。朝と夜では、視聴者の置かれている状況が違うからです。

まず朝の場合、視聴者は天気予報を見ながら、仕事に着ていく服装を選んだり、傘を持って出るかどうかを判断しています。

私が朝の番組で天気予報をしていたときには、テレビ局の衣装係の人にいろいろな衣装を準備してもらい、その日の天気に応じて服を選びました。

放送では、「今日はこの服装で」と言って、着ている服を見せてから「コートの下に腹巻もしています」と言えば、「気温が何度」とか「寒いです」と言うよりも、その日の寒さを訴えることができます。

一方、夜の場合だと、テレビの天気予報を見て、仕事で着ていく服のことはあまり考えません。そのため、服装のことよりも、天気にまつわる面白い話を紹介したほうがいいのです。「ニュースステーション」のときは、台風がなぜ発生するのかといった実験などをよくやっていました。

仮に朝、そんな実験などをやったらすぐにチャンネルを替えられることでしょう。常に受け手の立場を意識し、役立つ情報じゃないと、何も伝わらないということです。

また、天気予報のマークも、「相手の立場」を考えながら使いました。

たとえば、「朝一時的に雨が降って、そのあとに天気が回復に向かい、夕方は晴れる」という場合、テレビの画面に出るお天気マークは曇りに雨マークが付きます。

しかし、そのマークを見た人はどう思うでしょうか？　朝の一時的な雨であっても、視聴者はずっと雨だと思い込みます。なので、私はそんなときには雨のマークを外して、曇りと晴れだけにしました（気象予報士の資格があると独自予報が出せるのです）。

つまり、相手の置かれている状況をイメージして伝えることが大事なのです。

普段の会話でも、相手がゆっくりと聞く姿勢でいるときと、用事があって急いでいるときとでは、伝え方を変えなくてはならないでしょう。

あるいは、相手が女性の場合と男性の場合、女性でも子供のいる場合といない場合など、メッセージを決める受け手の立場から表現のパターンを考えないと、きちんと伝えるのが難しくなります。

まずはひとりに伝えることから始める

受け手がメッセージの意味を決めるというのは、なんともややこしいことだらけです。「なんだか大変だなー。めんどくさくなってきた」なんて思われてしまう方もいるかもしれません。でも、「相手に伝えることはそれだけ難しい」という前提で、**まずは、ひとりに伝えることから始めてみましょう。**あの人ならきっと伝わる、きっとわかってくれると思う人に、メッセージを伝えてください。

第5章

伝えるために何をすればいい?

ひとつのことでも中身が明確でないと伝わらない

伝えたいことがいっぱいあっても、一度に全部はなかなか伝えられません。それどころか、ひとつでさえ伝わらないことがあります。だから、私は**ひとつのまとまった会話で伝えられるのは、「ひとつのこと」しかない**と思っています。テレビでの30秒のコメント、10分間のラジオでの発言、90分の講演会での話でさえ、伝えられることはひとつです。

たとえば天気予報で、

「明日は晴れて、気温が高くて、風が強くて、夜には雲が広がってくる――」

といった予報があるとします。一見、情報にあふれていて、とても丁寧な天気予報に思えるわけです。

しかし、これだけの情報を消化するのはほぼ不可能です。
毎日通っている道、毎日見ている風景でさえ、そこに何があったのかを思い出すことは容易ではありません。毎日通る道に、ポツンと一軒のお店しかなかったら、イヤでも目に入るし、仮にそのお店が更地になったとしても、そこに何があったかを忘れることはないでしょう。

ですから、伝えたいことはひとつに絞る。それが「結」。オチを先に言えば、俄然伝わりやすくなります。特に最近は、先にオチを知りたがる傾向が強まっているように思います。

ウェブのコラムでは先に箇条書きでサマリーをみせるのが、当たり前になりました。当初は「これだと中身読まなくていいじゃん。読者へっちゃう」と懸念しましたが、サマリーがある方がないよりアクセスが増える傾向があるとのこと。「中身がわかるから読む」脳に、デジタルで変わってしまったのかもしれません。

「ひとつが何か」を明確にする

自分が何を伝えたいのか？　10秒しか時間がなかったら、何を言うか？　それを考えてみてください。

さきほどの天気予報の例でいうならば、「明日は暑い！」と伝えたいのか？「明日は風が強い！」と伝えたいのか？「明日は、星空は見えない」と伝えたいのか？

「何を言いたい？　10秒しかないぞ」と自分と対話し、そこで出てきた答えが、その日の天気のキーワードです。私も最初の頃はうまくできませんでしたが、毎日生放送をする中で鍛えられました。特別な能力はいりません。誰もが繰り返せば高められるスキルです。

あなたが大切だと思っていることが、何なのか？　何をいちばん伝えたくて、何がいちばん大切なのか？　とことん自問自答してください。

その場の目的が何かを自覚しなければならない

「言いたいことが言えなかった」――。そんな思いをした経験が、誰にでもあるはずです。特に、みんなの前で話をするときには、何となくその場の空気に呑まれてしまい、本来、自分の言いたかったことが言えなくなる場合があります。

えっ!?　みんなホントウに野球好きなの？

たとえば、大学のサークルでの、新入生の自己紹介。自分は映画観賞が趣味なので、「映画の話をしよう」と決めていたとします。

ところが、最初の人が「ぼくはプロ野球が好きで、巨人のファンです。よろしくお願いします」と言い、次の人も「私は中日が好きです」と、続けて野球の話になってしまいました。しかもウケているので、あとの人も野球の話にからませないといけない雰囲気になって、なぜかプロ野球の話の流れができてしまう。

するとつい自分も「楽天が好きです」などと、流れに従ってしまうことがあります。野球が好きでもなければ、たいして楽天のファンでもないにもかかわらずです。

確かに、場の空気に従うことはときには必要ですし、たとえ言いたいことがあっても言わないほうがいいこともあります。

でも、もしホントウに、ホントウに、自分がそこで「伝えたいこと」があるならば、場の空気を読むのをやめて言いたいことを言ったほうがいい。どうせどこかで途切れる空気です。あなたが断ち切っても全く構わないのです。

野球の話とは関係なく、「私は映画が好きで、月に10本は見ています。最近、気になった映画は……」、あるいは「私は株式投資をやっていまして、実は昨日、１００万円も損してしまいました」と言っても、全く問題ありません。

「でも、それだとKYになっちゃう」とためらう人もいるでしょうが他人は自分が思うほど「自分の話」を聞いていないので大丈夫です。

それでも心配な場合は、「その場の目的」に立ち戻ってください。「目的」とずれていなければ、空気を断ち切ろうとも、とがめられることはありませんし、受け手はスムーズに話を受け入れてくれます。

「すごいなぁ、月に10本も映画を見るのか」とか、「へ～、株やってるのか」と興味を持ってもらえるでしょうし、「面白いヤツだな」などと思われるかもしれません。

仮に、「なんで、どこのファンか言わないんだよ！　KYなヤツだな」などと言われても、気にすることはありません。だって、目的は自己紹介。野球ファン自慢ではないのです。

目的に合った発言は必ず伝わる

会社の会議でも、同じことは起こります。日常的に起きているといってもいいかもしれません。

顧客とのトラブルがあり、二度と同じことが起こらないための対応策を話し合う会議だとしましょう。目的は、「二度とトラブルを起こさないための対策を考えること」です。

そこでひとりが「コミュニケーションが足りなかったと思うので、みんなで情報を共有できるようにしましょう」と言ったとします。

大抵の場合、ミスが起きると、「コミュニケーションの問題」とすれば、なんとなく原因が判明した気になるものです。それで、みんなも納得し、「情報を共有するための対策」を話し合う流れができあがる。そういうことが往々にしてあります。

でも、あなたは、問題の本質は情報共有ではなく、「製品のことを知らないことで起きたトラブルで、もっと商品の知識について教育が必要だ」と考えていたとしましょう。

ところが、あなた以外のみんなは「情報の共有だ」「コミュニケーションだ」と言っているので、場の空気を乱す気がして言えなくなる。

「もっと教育を！」なんて言ったら、みんなに批判されそうな気がして、ためらってしまうのです。

それでもやはり「教育が必要だ」とあなたが考えるなら、自分の意見は伝えたほうがいい。だって、それを「あなた」はみんなに伝えたいのです。

そもそも会議は、いろいろな意見が出てくることに意義があります。「教育が必要」という意見があってもいいのです。

伝えることの焦点が
どこにあるのかを考えてみよう

こちらが一生懸命、話に耳を傾けていても、いったい何を言いたいのかよくわからない人がいます。

たとえば、その人が最も伝えたいことが「原宿の店で気に入った服を買おうとしたら、財布のおカネが足りず困った」ことだったとしましょう。

けれども、そこに至るまで、朝起きて着替えて、朝食を食べようとしたら卵がなくて……などと延々と前フリが続いて、なかなか原宿の店までたどり着かない話しぶり。聞いているほうはその人が何を言いたいのか、全くわかりません。

最初から最後まで丁寧に順を追って話すことに固執すると、焦点がぼやけてしまい伝わりません。

そこで「結」。**「結論」から話し始めることで話の焦点が定まります。**

よく「つかみが大事」などといいますが、普段の会話でも「伝えたいこと」の結論から話すようにすると、意外とうまく伝わります。

前述のケースでは「おカネが足りず困った」が「結」です。「この前、おカネが足りなくて、すっごい困ったんですよ」といった具合に、結論から話し始めると、相手は「え？　何で？　どうして、おカネが足りなかったの？」と疑問を持ちます。

「いや、実は原宿に行って……」と残りの話をすれば、相手の疑問に答える形になるので、興味を持って聞いてもらえるのです。

「ホウレンソウ」もまずは結論から

職場の「ホウレンソウ」も、結論から入るとスムーズに話が進みます。

たとえば、営業で新しい取引先を開拓し、100個の自社製品の注文を取ったとしましょう。がんばって取ったお客様ですから、「自分がいかにがんばったか」を、上司にアピールしたくなります。

しかしその場合、上司への〈ホウ＝報告〉は、「新しい取引先から、自社製品100個の注文を受けた」という結論から話します。

それ以外の、どこどこのお客にどうやったとか、いかに自分がすごいお客を取り込んだか、といった情報は、すべてあと回しにする。いかに大変だったのかを言いたい気持ちはわかりますが、上司が知りたいのは、「100個取れた！」という結論だけです。

なので、まずは「結論」を伝えて、そのあとに結論以外の情報を伝えましょう。

そして、〈レン＝連絡事項〉である、「請求書の宛先はどこにするか」「商品の届け先」などは、担当者に伝えます。連絡事項は、そのままストレートかつ簡潔に伝えてください。

問題は次の〈ソウ＝相談〉です。

「ホウレン」と「ソウ」の違いを理解する

相談では、あなたの考えた案としての結論も伝えた上で相談する必要があります。

さきほどのケースならば、「新規の顧客で、100個もオーダーがあった」が事実関係としての結論です。そこに、「新しい顧客への製品の届け方」が問題になったとしましょう。

その場合、「新しい顧客に上司からのあいさつは必要か?」「大口顧客への特別な対応はしたほうがいいのか?」など、上司の判断を仰がなくてはなりません。

相談とは、文字どおり、あることについて相互に話すこと。

つまり、**自分であーだこーだと考えをめぐらせた結果=「結論」を相手に投げて、判断を仰ぐ。自分でボールを温め、はじめて相談が始まります。**

「新規のお客様なので、部長にひと言お電話をしていただいてから届けてはどうかと思うのですが、これはちょっとやりすぎでしょうか?」といった具合です。

これが伝われば部長が、「電話をする、しない」「電話ではなく礼状にする」「自分ではなく課長にやってもらう」「何もしなくていい」などの、最終決断を下すことでしょう。

すべては結論から。この手順で相手に伝えると、話の焦点も定まります。ただ、**報告・連絡は、事実関係としての結論のみ、相談はあなたの考えた〝案〟としての結論を加えてこそ意味ある、伝わる「ホウレンソウ」が成立するのです。**

短いひと言のほうが相手の印象に残る

スピーチなどを依頼されると、ほとんどの人は原稿を読み上げますが、用意された言葉より**ぽろりと出た言葉のほうが人の胸に届くことがあります。**

原稿にない言葉が歴史に残った

1963年8月28日、ワシントンDCで人種差別撤廃を求める大規模な集会「The Great March on Washington」が行なわれました。このときリンカーン記念堂を埋め尽くす群衆に、マーティン・ルーサー・キング・Jr（キング牧師）が演説をはじめました。

「私には夢がある／I have a dream」――。

これは歴史上最も有名で、伝説になったフレーズのひとつです。しかし、I have a dream の一節は原稿にない、アドリブです。

映画『ＡＩＲ／エア』（２０２３）で、そのときの状況が描かれていました。『エア』は、当時不振だったナイキがジョーダンと契約し、エア・ジョーダンを開発するまでの内幕を追った映画で、そのキーマンの１人、大学バスケの伝説的指導者、ジョージ・ラベリングがキング牧師の警備員のアルバイトをしていたときに、件の演説原稿を譲り受け、アドリブに気付き驚くシーンが描かれているのです。最後のクレジットには「ラベリングはキング牧師の原稿を３００万ドルでも売らなかった」と書かれていますから、「アドリブだった」という事実が、名言の価値をさらに上げたということなのでしょう。

また、長々と話せば伝わるのかというとそうではありません。アメリカの大統領だったエイブラハム・リンカーンのゲティスバーグ演説の、「人民の人民による人民のための政治」という言葉は有名ですが、当初リンカーンの演説は酷評されていました。

1863年11月にペンシルベニア州ゲティスバーグの戦没者墓地奉献式典のメインの演説は政治家エドワード・エヴァレットでした。エヴァレットの演説が2時間近くも続いたのに対し、そのあとに登場したリンカーンの演説はわずか3分ほどで終わってしまいました。

この短さが酷評の原因です。新聞記者たちはこぞって「リンカーンの演説はパッとしなかった」と評したのです。

ところが、今ではリンカーンの演説が不朽のものとして残っているのに対し、2時間近いエヴァレットの熱弁はきれいさっぱり忘れ去られています。

新聞は酷評したものの、演説の全文は掲載しました。その中の「人民の人民による人民のための政治」という言葉がアメリカ国民の胸を打って、リンカーンのゲティスバーグ演説を歴史的なものに押し上げました。

心に残る言葉、印象深い言葉は自分発の短文ばかりです。

短い言葉の精度を上げるほうが長々と話すより効果的なのです。

本題を言う前に短い話をしてみる

初対面の人に、難しい話や堅い話をする場合は、本題の前にクッションを置くほうが伝わりやすくなることがあります。

メッセージを伝える作業は、自分の心と相手の心とのやりとりです。相手の心を少しだけほぐしてからのほうが、相手はメッセージを受け取りやすくなります。

仕事関係なら名刺を交換した際、「本社は大阪なんですね」とか、「珍しいお名前ですね。なかなか読めないですね」とか。あるいは部屋を見渡して、「窓から見える景色がいいですね。羨ましいな」とか、「フリーアドレスですか、うちの会社も取り入れようか迷ってるんですよね」とか。天気の話でも、最近のニュースの話でもなんでもいいので、本題に入る前にワンクッション入れてみてください。

私も講演会のときなどには、クッションを大切にしています。いきなり本題に入るのではなく、自己紹介をしながらスッチー時代の失敗談を話したり、お天気キャスターになる前のちょっとした苦労話をしたりして、心の準備運動をするのです。

相手の心がなかなかほぐれないときは、マイク片手に会場まで下りて行って、観客の方たちと簡単なやりとりをすることもありますし、簡単な質問をして、手を挙げてもらったりもします。

「今日の講演会は、ストレスがテーマですが、『自分はバリバリ元気でストレスなんか全然感じたことありません』という方はいますか。手を挙げてください」

といった具合です。

どんな少人数の講演会でも、ひとりくらいは手を挙げる人がいるので、

「うわぁ～、ひとりですか……。今日もひとりだけ、ノーテンキな方がいましたね」

なんてことを言うわけです。

するとと会場からどっと笑いが起こって、全体の空気が和みます。もちろん、槍玉にあげられてしまった方には、「冗談ですよ」などとフォローするのですが、そうやって本題に入ると、聞き手の方たちも「さて、何を話すのだろうか?」と身を乗り出してきて、講演会がやりやすくなります。会場の一人一人と目を合わせるようにぐる～っと見渡し、「みなさん、お元気そうですね」というだけでも、笑いがおき、いっきに会場の空気が温まります。

言葉を使わない沈黙の〝間〟によって伝わること

コミュニケーションでは、あえて言葉をなくすことで、効果的にメッセージを伝えることも可能です。それがいわゆる〝間〟です。

テレビのお仕事を始めて、久米宏さんに最初に会ったときに、「間を大切にしなさい。落語を聞くと、間の使い方がわかるから聞いてごらん」とアドバイスを受けたことがあります。

ひとりで何役も演じたり、そのシーンの雰囲気を伝えたりするのが落語で、言葉の合間に絶妙な間があるというのです。勧められた通りに落語のＣＤを買って何度も聞いてみましたが、当時はいまひとつ、「間」の意味がわかりませんでした。

しかし、実際の生放送を何度も経験するうちに、しゃべり続けるのではなく、一瞬でもいいから間を置くとうまく話せることに気がつきました。

生放送は決められた時間の中で情報を的確に伝えなくてはなりません。時間との勝負で、焦って早口になりがちです。

ところが、間を取りながら話すと、自分の伝えたい情報だけを落ち着いて言えるようになっていきました。間を置くことで、誰かと対話しているような感覚になり、それが視聴者へのわかりやすさにつながったのです。

久米さんは〝間〟の天才でした。「ニュースステーション」で、政治家の亀井静香さんとのやりとりが特に印象に残っています。

沈黙による反論が強く伝わった

当時の亀井さんは国による公共事業投資を積極的に行なったほうがいいという立場でした。

しかし、税金を公共投資に遣うのは無駄ではないかという批判も強かったので、久米さんは亀井さんにまず「公共投資は税金の無駄遣いでしょ？」と切り出しました。

これに「いや、私は無駄な公共投資はしない。やるのは必要な公共投資だけですよ」と言う亀井さん。

久米さんは「うーん」と言いながら首をひねって、それからしばらく沈黙しました。

この沈黙の効果は絶大です。もし久米さんが「そんなことはないでしょう」と言い返していたら、亀井さんもすぐに反論して、水かけ論になってしまいます。

この間には「亀井さんはそんなことを言っているが、公共投資はやはり税金の無駄遣いではないか？」「必要な公共投資と無駄な公共投資をどうやって見分けるのか？」「必要な公共投資というのは亀井さんにとってであって国民には無駄なものではないか？」など、たくさんの疑問と批判が込められています。

それらを言葉に出して言うより、間にしたほうがはるかに強く視聴者にアピールできる。〝間〟をメッセージに変えているのです。

テレビで沈黙するというのは、ただでさえ勇気がいります。たとえ数秒でも、放送には高いコストがかかっているのです。そういう意味でも沈黙するのは怖いことです。にもかかわらず、何も言わない選択ができるというのはやはり大変なプロフェッショナルなのだと思います。

会話中に間ができると、何か気まずい思いをする人もいるかもしれません。でも、**状況次第では間が効果的に働くこともあります。特に、相手の意見に反論する場合は使えます。**伝えることに苦手意識のある人は、間を置くことにチャレンジしてみるのも、それを克服するひとつの方法になることでしょう。

ビビらないで自分の考えを述べるために必要なこと

会社の会議などで自分の考えを訊かれた場合、緊張したり、あがったりしてうまく話せなかったという経験が誰にでもあるのではないでしょうか。

私にも幾度となく、そういった経験があります。極度に緊張したり、場の空気に押されてビビッてしまい、いつもだったら言えることが言えなくなり、自分でも何を言っているのかがわからなくなるほど混乱するのです。

緊張したワケをあとからよくよく考えてみると、準備不足や理解不足が緊張につながっていたように思います。つまり、「話す内容に自信がない」「自分の中できちんと理解できていない」。そんなときほど、ビビッてしまい、うまく話せません。

自信がないときほど相手に強く突っ込まれる

大学院に通っていたとき、研究計画の意見交換をする発表会で、やたらと緊張したのを覚えています。他人の研究計画には、あれこれ意見を言えるのですが、自分の研究計画に意見をもらうときには、いつも以上に滑舌が悪く、言い間違いが増える。

たとえば、「ワークモチベーション」という単語を、「ワクモー」と何度も言い間違いをして、先生には失笑されますます緊張し、先輩に質問されても答えられない。すると先輩の突っ込み度合いはさらに増します。

なにもいじめてやろうとか、つるし上げてしまえと、思っているわけではないのでしょうが、こちらがビビればビビるほど「これは?」「あれは?」と丁寧に聞かれ余計に窮地に追いこまれてしまうのです。

今の私であれば、どんな厳しい突っ込みをされても平気です。

しかし当時は、研究者の卵で、研究のやり方も、研究内容も、そして、自分の知識にも、すべてがあやふやで自信がなかった。自分に対する不安が、そのまま受け答えにも悪影響を及ぼし、さらなる緊張を招いたのでしょう。

言い換えれば、ビビらないようにするには、自分が話す内容について自信が持てるまでとことん理解するしかない。知るとわかるとでは全く違うのです。

会社の会議でも意見を求められたとき、自分がしっかりと理解＝わかっている話であれば、緊張もせず、あがったりもしません。

知るのは簡単です。ググればすぐに知ることができます。一方、わかるには時間がかかります。常に「何？　なぜ？　なんで？」と自分に質問し、「そっか。わかった！」と腑に落ちるまで調べまくり、脳内のお猿やうさぎやたぬきと議論し、自分なりの答えを出す。いったん出した答えが間違っていることもあるし、先輩や上司に一刀両断されてしまうことだってある。それでも考え続けるのですが、考えれば考えるほどわからなくなるので、またあれやこれやと「なぜ？」との戦いを強《し》いられます。

この繰り返しが思考力を高め、相手に「伝わる言葉」を育みます。

とはいえ、自分の専門ならともかく、そうではないことまで伝えなくてはならない場面もあります。私の場合はメディアにコメンテーターで出たときです。

気象や健康社会学といった自分の専門分野については、とっさに何を聞かれても、答えられる自信がありますが、「経済やら政治のことを聞かれて、うまく答えられなかったらどうしよう」と前の日から、胃がキリキリします。しかもどんな時事ネタが取り上げられるかは直前までわかりませんし、しゃべる時間も短いので、瞬間的にコメントを返す瞬発力も求められます。

そこで始めたのが時事ネタノートです。新しいニュースに接して気がついたことや頭に浮かんだアイデアをすぐにメモにとる。

メモに基づいて専門家に詳細を聞いたり、関連のある文献にあたるなどして、さらに突っ込んで調べることも少なくありません。

実際には、自分が下調べをした内容をコメントする機会は滅多になく、時事ネタノートが活かされないことの方が多いです。しかし、「できることはやった」という自信があると、自分の専門外の分野は遠慮がちにゆったりと話せるようになりました。それまでの私は「わかってないんじゃない？」と批判されるのを恐れるがゆえに、相手を圧倒するような話し方をしていたように思います。

話の「引き出し」を増やす

会議でのプレゼン前や、お客様への商談前でも似たようなことがいえるのではないでしょうか。

自分がプレゼンしようとしている中身、自分が売ろうとしている商品、それらと関連のありそうな情報を徹底的に集めて自分なりのネタ帳を作ってイメージをふくらます。

あるいは、自分がプレゼンを受ける側だったら、と立場を変えて疑問点を書き出すのです。

これらの作業には時間もかかりますし、労力も伴います。でも、それが結果的に、「ビビらない」ことにつながるのであれば、たいしたことではありません。ビビッて何も言えなくなることほど、恥ずかしい思いをすることはないので、労を惜しまないでください。

しかも、日ごろから知識の蓄積と物の見方のバリエーションを増やしておく努力をしておくと、頭の中の引き出しが増えていきます。

たとえば、ＴＰＰ（環太平洋パートナーシップ協定）のような難しい話になった場合でも、「昔、こんなおいしいお米を食べて……」という話や、田植えをした経験など、関連のありそうな話題を自分の引き出しから引っ張ることができるようになります。

一般的で抽象的な話でも、自分の経験や体験に置き換えて話すと伝わりやすくもなります。自分が見て、触って、調べたこと、培《つちか》った知識などを、自分の引き出しに詰め込むことができれば、たとえ苦手な話であっても、得意な話にすることが可能です。

引き出しの種類がいろいろあれば聞くほうだって楽しいはず。なので、まずは生の自分磨きから始めてください。一つひとつ知識を増やす努力を意識的にやってみてください。

頭の中の引き出しがいくつもあれば、これがダメなときには別のこれにしよう、と柔軟に対応することもできるのです。

第6章

スッキリ伝える魔法をかけよう

難しいことを難しく説明したら伝わらない

お恥ずかしい話ではありますが、私は客室乗務員として4年間も空を飛んでいたのに、何ひとつ空のことを知りませんでした。

なぜ空が青いのか？　なぜ地上で雨が降っていても上空は晴れているのか？　なぜ雲があると飛行機は揺れるのか？　お天気についていても、なぜ雨が降るのか？　なぜ風が吹くのか？　何ひとつ知らずに、空を飛び続けていたのです。

そんな私が民間の気象会社に入ったのですから、最初はわけのわからないことだらけで大変でした。

社内では当たり前のように、気象の専門用語が飛び交っています。気圧の谷、気圧の峰、上昇気流、下降気流など、聞いたことはあるけれどよくわからない単語のオンパレードです。最初の頃は、社内の人が丁寧に教えてくださいましたが、みなさんだって他にやるべき仕事があります。いつまでも手取り足取り私に教えている暇はありません。

そこで私は小学生向けの図鑑から勉強することにしました。

図鑑が教えてくれた「わかりやすい」の大切さ

図鑑を選んだのは、難しい気象の本を見てもチンプンカンプンだったから。

唯一、気象の素人の私が理解できる本が、小学生向けの図鑑でした。

ところが、この図鑑が実にすごい！　小学生向けの図鑑ほど、難しいことをやさしく書いている本はありません。

小学生向けの図鑑のおかげでお天気が理解できるようになり、他のお天気の本も読めるようになりました。わかりやすく書かれている本を読み進めれば読み進めるほど、難しい本も読めるようになる。結局、当時入手できる気象の本は、ほとんど読んだと思います。

小学生向けの図鑑が理解できれば、気象予報士の試験だってわかるようになります。難しい物理式でも理解できるのです。すると、どんなに難しい話でも、難しい言葉を使わずに伝えることができるようになります。

わかりやすい言葉で伝えることが、難しい話を伝えるために極めて大切なことを、図鑑が教えてくれたのです。

ですから、テレビで天気予報を伝えるときも、とことんわかりやすい表現で伝えるように心掛けました。気圧の谷や上昇気流などの言葉は、いっさい使わない天気予報を徹底しました。

気温を伝えるときも、数字でいうのではなく、「手袋が必要なくらい寒い」とか、「水着で会社に行きたくなるくらい暑い」とか、なるべく聞いている方がイメージできるようにしたのです。

スタッフから、「わかりやすい」と言われたときは、とてもうれしかったし、「やっと自分の言葉が持てたかもしれない」と感激もしました。「わかりやすく伝えよう。小学生向けの図鑑になればいいんだ」という思いも強くなりました。

そして、研究者となった今も、わかりやすい言葉で伝える気持ちは忘れないように、常に心掛けています。

2024年11月に92歳で亡くなった作家の谷川俊太郎さんは、詩人のアーサー・ビナードさんに「現代文学って、将来、何が残るんでしょうか」と問われ、「何も残りませんよ」と即答し、「体と直接つながるようなものだけは残るかもしれない」と答えたそうです。「知るとわかるは違う」と前述しましたが、わかることも「体と直接つながるようなもの」なのかもしれません。

立場を変えて物事を見て考えよう

自分で考えることのしんどさ

わかりやすく伝えるためには、わかりやすい言葉を使うだけでなく、さまざまな角度から物事を「考える」訓練が必要です。

考える――。しんどくて、疲れる作業です。

手探りの状況分析、煮え切らない内なる感情、今目の前にある現実と、これから起きるかもしれない未来とが頭の中で入り乱れ、やっと結論が言葉になろうとする瞬間にも、「いや、それじゃなくてさっきのだろう」とか、「それでいいんだっけ」と、あと一歩で答えが出そうなところで引っ掛かる。

出そうで出ない。出したいけど出せない。話そうとする言葉にモザイクがかかり、立ち往生してしまうのです。

しかも、考えている途中に、頭の中では猿やら、うさぎやら、たぬきやらが登場し、あーでもない、こーでもない、と勝手なことを言いだします。

正直疲れます。面倒くさいです。そこでついつい考えるのを辞めてしまい、難しい言葉のまま伝えたり、自分の伝えたいことを明確にしないままボールを投げたりと、煮詰まっていないままのメッセージを出してしまうことがあるものです。

でも、どんなにしんどくても、自分の頭で考えぬくことは非常に大事な作業です。**考えることは、物事の理解を深めるだけでなく、立場を変えて物事が見られるようになる、唯一の手段といっても過言ではありません。**

たとえば、自分のことをよく「二重人格だ」と言う人もいますが、人は誰でも二重人格どころか、いくつもの人格を持っているのではないでしょうか。

弱い自分、嫌な自分、わがままな自分、のんきな自分、神経質な自分、陽気な自分、暗い自分……などなど、さまざまな自分を、誰もが経験しているはずです。

何か問題にぶつかったとき、「これだ！」とまっさきに頭に浮かんだ答えに突っ走りそうになりますが、ちょっと立ち止まって、たとえば弱い自分はどう思うだろうか、のんきな自分ならどう思うだろうか、あるいは時間軸も入れて1年前の自分ならどう思うだろうか、将来もっと偉くなった自分ならどう思うだろうか、と立場を変えて考えてみる。

そうすることによって、ひとつの物事でも、さまざまな見方ができるようになります。

考えるというのは、そんな多くの自分と向き合う作業にほかなりません。そして、多くの自分と頭の中で対話しながら、自分のアイデアをまとめていけば、次第にわかりやすい言葉をみつけることができます。

たとえ相手から、「それって、違うんじゃないか？」と否定されるようなことがあっても、反論できます。だって、自分がさんざん考えた結果です。さまざまな立場からみつけた言葉です。なぜ、その言葉にたどり着いたか？　答えることができるはずです。

相手の立場に立って考えてみる

考える癖がつくと、今度はいろいろな人の立場に立って考えることができ、相手の立場を汲み取りながら話すことだってできるようになります。それは、自分の話が相手に伝わりやすくなることにもつながります。

以前、大手企業に勤める社員たちに「上司から理不尽なことを言われた経験はありますか」と訊いたところ、全員が「ある」と答えました。そのうえで、「あなたがもし上司になったら、部下にやはり同じことを言うと思いますか」と質問しました。

それに対してほとんどの人が「私も同じことをするかもしれない」と答えました。

これが、相手の立場に立って考えるということです。

彼らは、私が質問するまで「自分が上司の立場だったらどうか」と考えたことはなかったそうです。自分が上司の立場だったらと考えることで、理不尽だと感じた上司の言葉の裏に潜むメッセージも汲み取ることができるようになったのです。

ただし、どんなに相手の立場に立って考えても、わからないことがある。これだけ散々わかることの大切さを説いているのに矛盾しているようですが、世の中でいちばんわからないのが「人の心」です。

日本でもやっと多様性という言葉が根付き、さまざまな生き方、価値観を尊重しようという動きが一般的になりました。たとえばＬＧＢＴです。私は長年ＬＧＢＴの方たちと共同で行なっているＨＩＶに関する調査研究に関わってきました。そこでわかったのは、「何が偏見になってしまうのか、何が彼ら彼女らを傷つけてしまうのか、わからない」ということでした。

たとえば、一般的に性的マイノリティに対して、「ＬＧＢＴ」というワードが使われていますが、Ｌ＝レズビアン、Ｇ＝ゲイ、Ｂ＝バイセクシャル、Ｔ＝トランスジェンダー以外にも性的マイノリティはいるので、ＬＧＢＴと一括りにしてしまうことで「見えなくなってしまう」問題がある。世界では、女性、男性、ＬＧＢＴに属さない人たちがいることから、「ＬＧＢＴＱＩＡ＋」「ＬＧＢＴｓ」という言葉を使うのですが、これは「あなたたちのこともちゃんとわかってます！」というメッセージでもあります。

同じ「L」、あるいは「G」などであっても、生きづらさを感じる局面は多種多様。当事者の人たちに関われば関わるほど、何が問題かが、わからなくなってしまうのです。

理解できたと思ったようなことが、一瞬にして打ち壊される経験を何度もしました。「傷つけたくない」と思えば思うほど、意図せず傷つけてしまうことに敏感になり、「どうすればいいですか？　教えてほしい、聞かせてほしい」と、ぎこちなくなる。

私は本当に寄り添っているのか？　私の理解で本当にいいのか？　自分が本当に偏見をもっていないのか？　と、不安だらけです。

でも、そのぎこちなさや不安があるからこそ、色々と話してくれたりもするわけです。そして、深いところで理解できなくても、「わかりたい、傷つけたくない」という気持ちが相手に伝わることで、「差別の輪郭」がおぼろげに見えてきます。わからないから関わる、だから伝わる。こんなコミュニケーションも今の時代だからこそ求められている。そう思えてなりません。

〝思考停止ワード〟に惑わされていないか？

考える作業で気をつけなくてはならないのが、思考停止ワードです。

考えるという、実にしんどい作業にさっさとケリをつけたくて、自分でも気がつかないうちに考えることをやめている。

「1、2、3～」でアホになる！　考えることをいっさい止めて、アホになるときに無意識に発せられるひと言が、〝思考停止ワード〟です。

誰にでも思考停止ワードはあって、その落とし穴にはまった途端、考える作業はジ・エンドを迎えます。

「コミュニケーション不足」は問題の原因になりうるのか？

前にも述べましたが、会社の中で仕事の話がうまく共有されず混乱が起こった場合、「コミュニケーション不足が原因だ」という話がよく聞かれます。「コミュニケーション不足」であることに間違いはありませんし、「コミュニケーション不足」という言葉自体も正しい言葉なので、誰もが「確かにそうだ！」と納得しがちです。

ところが実際は、「コミュニケーション不足」という言葉を使った途端、社内の人たちはみな思考停止に陥ります。

この場合、「コミュニケーション不足」が思考停止ワードです。

だって、よーく考えてみてください。仕事の話が伝わっていない理由には、実際には次のようないくつもの原因があるのではないでしょうか。

- 部下が報告を怠っている
- 部下が報告をしても、それが上司の上司まで上げられていない

・上司から部下に情報が与えられていない
・上司が部下に与えるべき情報が何なのかを理解していない
・部下に意見を求めない
・意見を言っても反映されない

といったように、実際には、さまざまな形の「コミュニケーション不足」が存在しています。

ところが、「コミュニケーション不足」という思考停止ワードが発せられると、考える作業が終わってしまい、「コミュニケーションをよくしましょう！」となる。

「なぜ、混乱が起こったのか？」の本質が不明のまま、あたかも問題が解決したかのような錯覚に陥るのです。

他にも、「それぞれの生き方だよね」とか、「個性だよね」なんて言葉も思考停止ワードだし、「素晴らしい」「美しい」、あるいは「むかつく」「めんどくせー」なんてひと言も、思考停止ワードになりがちです。

おそらく誰もが、自分独自の思考停止ワードを無意識のうちに使っているのではないでしょうか。

何かについて話し合う、また考えるとき、自分の思考停止ワードに足をすくわれていないか、常に用心する必要があります。

既成の知識や常識が考える作業を奪ってしまう

既成の知識や常識に引きずられて、結局考えても考えきれずに、安易な結論になってしまうことがあります。それはまだ知識や常識に染まっていない子供たちと接するとよくわかります。

学生時代に、小学3年生の家庭教師のアルバイトをしていたのですが、あるとき子供が家の観葉植物の葉の一枚一枚に、マジックで似顔絵を書きました。

それを見た母親は「何てことするの！」と仰天し、父親も「植物はお絵描き帳ではないぞ」と叱りつけました。大人には、ただのいたずらにしか思えなかったのです。

ところが、「なんで、あんなことしたの？」と子供に聞いてみると、驚くことに彼は、

「植物の葉っぱがどうして大きくなるのか知りたかったの」と答えました。

つまり、子供は、「なぜ小さな葉っぱが次第に大きくなっていくのか？」「葉の周りから髪の毛が伸びるように成長していくのか？」「それとも自分の背が伸びるように葉全体が大きくなっていくのか？」。それを確かめるために葉に絵を描き、自分の疑問を解決しようとしたのです。

そんな子供の疑問を、大人は知る由《よし》もありません。

「葉にマジックで似顔絵を描くものではない」という常識が、子供の疑問を解決する手段や考える作業を封じ込めてしまったのです。

常識や既成概念のない子供たちは、大人からすると非常識な物事のとらえ方をすることがあります。しかしその非常識さが、考える作業につながり、物事の理解につながります。

当たり前と思われていることを、「なんで？」と自問する。そうすることが、まさしく考える作業です。

考えてもわからなければ、調べてみる。そうやってひもといていくと、次第に思考の幅が広がりますし、「知識の引き出し」につめるフレッシュなネタも増えます。

ときに、知識や常識は立場を変えて考える作業を妨害し、わかりやすい言葉探しを中断させます。自分で考えるということは、そのような**既成の知識や常識の網から逃れる作業**でもあるのです。

考えていない人ほど傲慢で他人の話を聞かない

真剣に考えていると、いろいろなことが頭に浮かんできて、次第に答えが出にくくなることがあります。どうにか答えを出してみても、本当にこれでいいのかなと思う自分が残るわけです。

すると、その答えを伝えるときも、「自分なりに考え抜いたのですが、どうでしょうか？」と謙虚な気持ちで相手に伝えることができます。

そうした気持ちは受け手にも伝わりますから、相手もどうにかして受け止めようと努力してくれます。

また、何か意見されたとしても、その相手の言葉を真正面から受け止められるし、ムキにもならずに「そうだね。そういう考え方もあるよね」と言えるようにもなります。

謙虚な気持ちが、自分の考え方や見方を広げることにつながるのです。

一方、考え抜かないでいると、謙虚にはなれません。なぜか自分の言葉にも自信満々で、ちょっとでも反論されると、「自分の考えが正しいに決まっている」とムキになります。

その結果、考え方の幅が広がらずに、狭い自分の思考の世界にとどまったままになってしまうのです。

自分を知るためには「謙虚さ」が必須

「ハングリーであれ、バカであれ」(Stay hungry, stay foolish)

アップル社の創業者で、天才的な実業家、スティーブ・ジョブズが、2005年6月12日、アメリカのスタンフォード大学の卒業式で行なったスピーチの締めくくりの言葉です。

この言葉の解釈はさまざまですが、私は、「バカであれ」とは、「謙虚であれ」ということだと思っています。

謙虚であることは、自分が成長するためにはとても重要なことだし、謙虚でいる努力を続ければ、他人の言葉や助言も素直に受け止めることができます。それは相手に媚《こ》びるといったことではありません。

謙虚さは、自分自身を知るために、自分の頭で考えるために必須なのです。

ジョブズは商業用パソコンで、世界で初めて成功したアップル社を創業したものの、その後に解任されてしまいました。人生のどん底に落とされ、もうどうしようもないと思っていたのですが、彼を助けてくれる人は数多くいました。そこでジョブズもそれまで自分がどれだけ勝手なことをしていたかに気付かされ、次に向けて歩き出しました。

ジョブズが再びアップル社に復帰できたのは、新製品のプレゼンに、専門家２人を同席させ、自分のフィールド以外のところは、その２人の専門家に任せたことだったといわれています。

ジョブズは謙虚になって、「自分発」ではできない内容は他人に任せました。それによって、新製品の良さが伝わり、復帰の決め手となったのです。

ジョブズのような自信満々で傍若無人と思われていたような人が、「バカであれ」という言葉を大事にしていたのは意外ですが、そういう気持ちがあったからこそ数々の画期的な製品を作り出すことができたのでしょう。

「バカであれ」、すなわち「謙虚であれ」という気持ちは「あなたから、いっぱい話を聞きたいのです」というメッセージになります。

それが、相手の「あなたの伝えようとすることを一生懸命受け止めます」という思いを喚起させるのです。

わからないのに、わかっているふりをしない

大人になると、ついついわかったふりをしてしまうことがあるものです。こんなことも知らないバカなのかと思われたらイヤだなぁ〜、そんな気持ちが強まるからです。

でも実際、自分がわからないことは、周りもわかっていないということが多々あります。

ですから、わからないことは、はっきりと「わからない」と言ったほうがいい。「わからない」と認めることが、考える作業につながります。

聞くは一時の恥

ある出版社で中学校向け理科の教科書の編集委員を、やらせていただいたことがあります。教科書は、まさしく難しいことをわかりやすく伝える書物です。しかも最近は、理科離れが進んでいるため、「楽しく、わかりやすい」教科書を作らなくてはなりません。

そこで、編集委員たちは、難しい事象をさまざまな比喩を用いながら説明することに力をそそぎます。

あるときのこと。私にはちっとも理解できない比喩が使われていました。地球の大気の状態を、ＣＤ－ＲＯＭの厚さを用いて説明していたのです。

地球の直径が約1万2800キロなのに対して、地球の大気の厚さはたったの約100キロです。この薄さをわかりやすく説明するために、地球の直径と大気の厚さの比率が同じだったＣＤ－ＲＯＭが使われたのです。

でも、何度読んでも私にはちっとも理解できません。だって、地球は球形なのに、ＣＤ

－ROMは球形ではない。形が全く違うCD－ROMで、どんなに「地球と大気との関係」を説明されても、さっぱりイメージできないのです。

そこで編集会議で、「この部分は何度読んでも、意味がわからないんですけど、それは私だけでしょうか」と、思い切って発言しました。

私も一応、気象のプロとして「わからない」と公言することに躊躇《ちゅうちょ》しましたし、CD－ROMを用いて書いた先生の、「どうにかわかりやすくしたい」という気持ちも痛いほどわかりました。「わからない」と指摘することは、提案した先生に失礼にならないか心配でもあったため、とても勇気がいりました。

ところが、私が「わからない」と発言した途端、他の先生たちも、「やっぱりわからないですよね～」と苦笑いを始めたのです。

すると、提案した先生も、「そうか、わからないか。う～ん、どうしようかね～」と言ってくださり、改めてどうすればいいか、みんなで知恵を出し合うことになりました。

「わからない」と言うことは勇気がいります。聞くことが恥ずかしいと思うようなことは、誰にでもあると思うんです。

でも、私の経験では、9割近い確率で、自分がわからないときは、周りもわかっていません。だから、恥ずかしがらないで声をあげてください。「わからない」と素直に発言したほうが、話や議論は深まり、よりわかりやすい言葉探しにつながります。

ただし、この例からもわかるように、「わかりやすさ」を求めたあまり、余計にわかりづらくなることもあります。だからこそ、謙虚な気持ちが大切なのです。

「自分では考え抜いたつもりだったけど、もう一度考えてみよう。別の人の意見も聞いてみよう」。この繰り返しが、伝わる力を高めていくのです。

みんなが知っていることを知らなくてもヘコむな

「わからない」と同じように、知らないことも「知っているふり」はしないほうがいいのですが、大人になると、知らないことを恥ずかしく思うようになります。

「こんなこと知らないなんて、恥ずかしい」

そう思うと、ついつい知ったかぶりをしてしまうのです。特に仕事の話や、みんなが当たり前のように使っている言葉などは、「知らない」とばれた途端、「おまえはそんなことも知らないで、今までやっていたのか!」とバカにされそうな気がしてしまうものです。

「エビデンス」ってどういうこと？

大学院に入って初めて学会に行ったときのこと。発表のタイトルに、「エビデンス」という言葉がついている論文がいくつもありました。「エビデンスに基づいた〜」とか、「〜におけるエビデンス・レベルの構築」といった具合です。私には、何をした研究なのか、ちっともわかりませんでした。

エビデンス、直訳すると「証拠」です。ならば、「証拠に基づいた〜」とか、「〜における証拠レベルの構築」となるはずです。だいたい「証拠」という和訳が普通にあるのですから、そのまま使えばいい。そんなふうにしか思えませんでした。

それまでにも私には、一般的な日本人の常識の水準からすると、すごく非常識な面がありました。自分では「別にこんなこと、知らなくてもいいんじゃないか」と思っていることが、むしろ知らないと恥をかくような常識だったことが何度もあります。

あまりに多くて一つひとつを思い出すこともできないのですが、今の言葉でいうと「天然」。ボケ、アホ、呆れられたこともしょっちゅうでした。

そのおかげで、というと奇妙ですが、「知らないことを聞く」ことに、あまり抵抗を感じません。笑われることに慣れている、というか、免疫ができているというか。

とにかく、知らないでいることのほうが気持ち悪いので、ちょっとでもわからないと恥ずかしげもなく、堂々と聞けてしまうのです。

だから学会でも、大学院の同級生や先輩に聞きました。「エビデンスって何？　どういうこと？」と。

「エビデンスって、つまり証拠というかなんというか……」

「だから、証拠ってどういうことですか？　なんでわざわざエビデンスって言葉を使うんですか？　証拠だったら、証拠でいいじゃないですか？」

「う～ん。なんていうのかな。ねえ、なんていったらいい？」

「う～ん」

みんな困った顔をするばかりです。これはいったいどういうことだろう？　本来の意味を理解していないということなのか？　頭は混乱するばかりです。

ただ、ひとつだけ明らかになったのは、みんな当たり前のように「エビデンス」という言葉を使いながら、納得のいく説明を誰ひとりできなかったことです。

つまり、なんとなくわかってはいるけど、人に伝えられるほど、理解していなかった。〝わかりやすい言葉探し〟ができていなかったのです。

エビデンスとは、医学や医療関係などの専門用語で、「エビデンスがある」と言えば「科学的根拠がある」という意味になります。「エビデンス・レベル」は「信頼度」と言い換えられる。つまり、エビデンスとは、実験や調査などの研究結果から導かれた統計的な「裏付け」があることを指します。コロナ禍では、コメンテーターが好んで使うなど、エビデンスという言葉が一人歩きしてる感も否めませんでしたが。

いずれにせよ、**「知らない」ことを恥ずかしがったり、曖昧にしたりしなければ、新しい知識を習得できる。**知らないことはバカだということでもなければ、恥じることでもないのです。

第7章

心と心の距離で気持ちは届く

状況に応じて心と心の距離感は変わってくる

自分と相手との心の距離感というのは、親しさの度合い、信頼関係、という言い方もできますし、「この人と関わってみたい」といった、双方向の心の持ちようともいえます。

心の距離感が近ければ近いほど、メッセージは伝わりやすくなります。

見ず知らずの人に、「昨日の巨人阪神戦は面白かったですね」といきなり声をかけたら、相手はびっくりして、変な人と警戒されてしまうかもしれません。

でも会社に出社して、隣の席の先輩社員に同じことを言えば、「そうだったよね」とか、「いやぁ、昨日は見ていないんだよ」といった反応が返ってきて、そこには何の不自然さもありません。

ただ、見ず知らずの人であっても、相手が大きな荷物を持って四苦八苦しながら階段を登っているときに、「大丈夫ですか？　お手伝いしましょうか？」と言えば、「ありがとうございます」といった具合に距離感が縮まることがあります。

相手が求めるメッセージをきちんと感じ取って伝えることができれば、初対面の人とでも心を近づけることが可能なのです。

ちょっとしたことで近づき、遠ざかる、心の距離感

職場の人間関係は自分で選べませんが、苦手な人ともいい関係を築いた方が仕事はしやすくなります。そんなときも「伝わる」心の距離感を縮めることを心がけると楽になります。

たとえば、あいさつ。あいさつはもっとも簡単で、もっとも基本的な距離感を縮める方法です。

「おはようございます」「ありがとう」「ご苦労さま」。そんな言葉をかけるだけで心の距

離感が縮まり、コミュニケーションが取りやすくなります。

お礼のメールなども効果的です。

「昨日はごちそうさまでした。とても楽しかったです」「昨日はお世話になりました。今後ともよろしくお願いします」。そんなひと言を添えるだけで、距離感はグッと縮まります。

また、レスポンスの速さでも、心の距離感は縮まります。

メールを送って、なかなか返事がこないと、ちゃんと見てくれたのかな？　何か失礼なこと書いてしまったかなぁ？　と不安になります。でも、すぐに返信がくると、それだけでホッとします。

たとえそれが、「すみません。今ちょっとバタバタしていますので、あとでちゃんとお返事しますね」という内容であっても、「この人はちゃんと見てくれた」と安心できる。それが信頼にもつながります。

ときには相談をうまく使うといいかもしれません。「悩みを他人に話すなんて、自分の弱みを見せるようなことはしたくない」と思われるかもしれませんが、自分の弱いところを相手に見せれば、「何だ。キミにもそんなに弱いところがあるのか」と相手も共感して心を寄せます。人には、他者の弱さに寄り添うやさしさがある。

「どうかお元気で！」と相手を気遣ったり、「素敵な1年になりますように！」と誕生日を祝ったり、「お仕事がんばって！」と励ましたりするのは「人間」だけです。人間だけが他者の幸せを祈り、誰かが幸せになるだけで喜びます。人の本性は愛です。愛をケチらなければ、案外簡単に他者とつながれるのです。

笑顔が相手との距離感を近づける

私がアメリカにいるときに、話しかけられるたびにニコニコしていたことで、友だちができた、というお話をしましたが、**笑顔は相手との心の距離感を縮める最大の武器です。**

あなたが話しかけたとき、

- 笑顔で「はい、なんでしょう？」と振り向く人
- しかめっつらで「はい、なんでしょう？」と振り向く人

どちらのほうが話しかけやすいでしょうか？

大抵の方は前者と答えるはずです。だって、笑顔で振り向かれて、イヤな思いをする人はいませんよね。ニッコリされるだけでホッとしますし、好感だって抱きます。笑顔を加

えれば、心の距離感はグッと近づくのです。

こんな興味深い実験もあります。笑顔が相手に与える印象について行なった心理実験です。

この実験では、被験者を2つのグループに分けて、あるモデルさんの2種類の写真を見せます。

Aグループには、モデルさんがニコニコとしている写真を、Bグループには、同じモデルが無表情で写っているものを見せました。

その結果、Aグループはモデルさんの印象を「やさしい、親切、明るい、聡明、幸せそう」と評価し、Bグループは「意地悪、暗い、冷淡、厳しい、不幸」と評価しました。同じ人であっても、笑顔ひとつでこんなにも印象が変わるのです。

大切なことは心を笑顔にすること

とはいえ、世の中には「笑顔を作るのはどうも苦手だ」という方もいます。話し下手、ならぬ、笑顔下手です。

そういう方は、無理やり笑顔を作る必要はありません。

「私はあなたと心を近づけたい。あなたの心に近づいていいですか?」

そう思うだけで、自然と表情はやさしくなります。

何でも話してくださいという気持ちが不可欠

客室乗務員をやっているときに、興味深いことがありました。

新人ＣＡほど、お客様からやたらと声をかけられるのです。といっても別にお茶やお食事に誘われる、というわけでありません。「新聞持ってきて」「コーヒーお願いできますか？」などと、次々に用事を頼まれ、仕事がどんどん増えていくのです。

周りには他の先輩ＣＡもいるのに、なぜか新人ばかりが頼まれる。

あまりにたくさんの用事を頼まれるので、ついつい忘れてしまい、お客様に怒られ、それでもひたすら声をかけられ……。

そんな悪循環に、私もさんざんな思いをしたことがありました。

なぜ、新人ＣＡばかりが声をかけられるのか？　心が笑顔だからです。

新人ＣＡの強みは体力と全力の笑顔ですから、キャビンを歩くときは常に笑顔で「何か用事がないかしら」「お客様は何か欲しいと思っていないかしら」とキョロキョロしています。

一方、ベテランＣＡは、仕事が立て込んでいるときには仕事の優先順位を考えながら、「あとで伺いますから、待っていてくださいね」というオーラを出しながら歩きます。その結果、顔も心も全力笑顔の新人ＣＡに頼み事が集中するのです。


似たようなことは、電車の中でも起こります。たとえば、電車の座席に座ったときに、「隣の席に誰も来なければいいな」と思うことがあります。そう思っていると、実際に誰も隣の席に座ろうとはしません。

「隣に座らないで」というオーラを周りの人も感じるのです。

逆に、「空いていますよ。どうぞどなたか、座ってください」と思っているときには、

「いいですか」と言って寄ってきます。「座らないで」「座ってください」と言葉にしなくても、思うだけで相手に通じてしまうのです。

もちろん人間ですからひとりになりたいこともあれば、仕事に集中したいので話しかけてほしくないこともあるでしょう。そんなときには、「話さないで」オーラを出すことをためらわないでください。

でも、もし、もしも、あなたが「自分は周りからあまり話しかけられることもないし、他人と心が通じ合うこともできない」と思い悩んだり、なんとなく孤独感を感じたりしたときには、ほんの一瞬だけ大きく深呼吸をして、周りを見渡し、笑ってみる。すると半径3メートル世界に光が灯《とも》るかもしれません。だって、人は幸せになるために生まれてきた。幸せになるために目と目を見つめ合い、心を伝え、言葉が必然的に生まれたのだと私は考えています。

3つの無駄によって相手との接点ができる

心と心の距離感を縮めるためには、無駄も大切です。**無駄な時間、無駄な空間、無駄話は人を結びつける大切な無駄です。**

たわいもない話をしているときに、「へ～、この人こんな面があったのか」と、心と心の距離感がスッと近づいたなんて経験は、誰もが一度はあるのではないでしょうか。

やり手で、強引で、「こんなエリートとは付き合えない」と思っていた人が、芸人の話をしたり、会社の近くにある、高いわりには味の悪いお店の悪口をポロリと口にしたりすると、「なんだ、自分と一緒だ」「あはは、こんなエリートでも愚痴を言うのか」と親近感がわくことがあるものです。

あるいは、同僚や先輩社員と、自動販売機の前で缶コーヒーを飲むような時間を過ごすだけでも、なんとなく近い関係になったような気分になることもあります。

給湯室が重要な場所になる!?

昔の日本の会社には、無駄がたくさんありました。どこの会社にも給湯室というものがあり、そこで一緒になった人たちと上司の愚痴やら、テレビや食べ物などの仕事以外の話をして、相手との距離感を縮めるのに役立ちました。

また、昔は飲み会もたくさんありましたし、運動会や社員旅行もありました。

これらは、無駄といえばすべて無駄です。給湯室はなくても特に困らないし、飲み会や運動会がなくとも仕事はできます。

でも、そんな無駄があったことで、人と人がつながり、仕事では直接関係のない部署の人との距離感も縮まりました。

昔がよかった、とは必ずしも思いません。休みの日は自由に過ごしたほうがいいし、アフターファイブまで上司と飲みたいとは思いません。でも、かつてあった無駄が、心の距離感を縮めるのに役立ち、人間関係を円滑にしていたのも事実です。

なので、ときには無駄話をしてみてください。無駄な空間で無駄な時間を過ごしてください。ちょっと苦手だなという人や、あまり接点がない人とも、なるべく無駄な時間を共有するようにして、無駄話をしてみてください。スポーツや趣味の話でもいいし、お茶が出たら「このお茶、ちょっとまずいですね」という話でもいいのです。

効率化ばかりが叫ばれる時代ですから、ときには本当に無駄なのはなにか？　大切な無駄もあるんじゃないか？　と職場のメンバーで話しあってみてください。そのときはぜひポスト・イットに制限時間1分で書いてもらってすべてのメンバーが言いたいことを言えるようにしてみてください。

ウワサ話が重要な情報源になることもある

無駄話には、「ウワサ話」も含まれます。

ウワサ話というと、一般的にネガティブな情報ととらえられがちですが、ときに重要な役目を果たします。社会のルールやさまざまな情報が含まれている場合があるのです。

たとえば、ある社員について「あの人はいつも飲み会の翌日は遅刻してくる」というウワサ話を聞くと、自分も同じように「飲み会の翌日は遅刻する」と言われるのは嫌なので、飲み会の翌日こそ早く出社しなければと思います。

あるいは「あの部長は、ライバル会社の話から入ると、必ず意見具申を却下する」というウワサ話を聞けば、「そうか。部長には、ライバル会社の話はやめて、別の話から自分の意見を切り出してみよう」と対策を講じることもできます。

もちろん、根も葉もないウワサ話や、尾ひれ背びれをつけたウワサ話はいただけません。

でも、**ウワサ話がときにはどこのマニュアルにも書いていない、重要な情報源にもなり得る**のです。

弁解や自己弁護に走ると相手から嫌われる

心と心の距離感を縮める阻害要因になるのが自己弁護です。自分が何かで失敗した場合など、責められたくないために、つい自己弁護したくなりますが、グッと我慢して謝るが勝ちです。

先に謝ったほうが受け入れられる

たとえば、私が天気予報を外してしまったときは、言い訳をするよりも、「ごめんなさい！　昨日は外してしまい、ご迷惑をかけてしまいました。雨に濡れて風邪をひかなかったでしょうか？　本当にごめんなさい」

と謝ったほうが責められずにすみました。

「まっ、天気予報なんて外れてなんぼでしょ」と笑ってくれたり、「100％当たったんじゃ、予報じゃないしね」と慰めてくれるのです。

人間関係とは不思議なもので、「自分をよく見せよう」とすればするほど、うまくいきません。逆に「私は失敗もするし、情けない人間なんです」と振る舞うと、「なんか人間らしくて、いいやつなんだ」と思ってくれます。

自分と同じだ、という安心感。しょうがないなぁ、という思いやり。そんな気持ちが距離感を縮めるのでしょう。

相手が怒ったときはその事実と向き合うことが大事

とかく飛行機の中ではさまざまな人間模様を経験するのですが、お客様を怒らせてしまったときは、絶対に言い訳はしてはいけない、という鉄則がありました。

どんなにささいなことで怒り出したお客様であっても、弁解、言い訳、自己弁護は禁物です。

先輩からは、「お客様が怒り出したら、まずこちらの目線をそろえて、お客様を怒らせるだけ怒らせなさい」と教わりました。目線をそろえるのは、お客様を上から見下ろさないようにするためです。

上から目線という言葉があるように、上から見下ろされると、それだけで不愉快な気分になり、怒りはおさまりません。

さらに、お客様が怒っている最中はこちらでメモを取るふりをします。「ふり」などというと聞こえが悪いのですが、「私が悪いわけじゃないのに、なんでこの人の言い分を聞かなきゃいけないのよ」と思っているときは、その心の中の思いがオーラに出てしまいます。そのオーラを感じさせないためにメモを取るふりをするのです。

メモを取っているしぐさが、「あなたの話をちゃんと聞いていますよ」というメッセージになります。相手に、「この人は自分の話を、ちゃんと聞いてくれている」と感じてもらうことが肝心なのです。

一生懸命にメモを取り、相手の目線に合わせて、相手の言うことにひたすらうなずく。どんなに言い訳をしたいときでも、この3つの行為を徹底的にやり抜くと、いつの間にか、お客様も気がすんで、怒りがトーンダウンしてきます。

「自分の怒りは十分伝えた」という安心感が、穏やかな気持ちを引き出すのでしょう。最後には、笑顔になるお客様もいるほどです。

最後は「本当に申し訳ございませんでした」と心から謝って、その場を引き上げて、ジ・エンド。問題解決です。

最近はカスハラなる言葉も生まれ、カスハラ対策が進められていますが、カスハラに発展させないためにも、メモを取る、相手の目線に合わせる、ひたすらうなずく、をやってみてください。

モヤモヤしたら宛名のないメールを書いてみる

会社をはじめとする人間関係では、嫌なことがあったり、理不尽な思いをすると、イライラ、モヤモヤしてストレスがたまります。言いたかったけど言えなかった自分の怒りを相手にどうしてもぶつけたいと思うことは、誰にでもあるはずです。

そんなモヤモヤ気分に陥ったときは、宛名のないメールを書くことをお勧めします。

客観的に自分の気持ちを整理する

宛名のないメールというのは、宛先に「相手のアドレス」を入れないメールのこと。アドレスを入れないのは、つい誤って送信するのを防ぐためです。

ただし、相手のアドレスを入れなくても、メールを送る相手は「あの人」です。あなたをイライラ、モヤモヤさせた「あの人」を頭の中でしっかりと思い描きながら書くのです。

ところが、いざ書き始めようとすると、あれほど不満があったのに、なぜか言葉がすんなりと出てこない。言いたいことが山ほどあったはずなのに、どういうわけか何から書いていいのかわかりません。なぜ、なかなか書き始めることができないのか？

それはイライラやモヤモヤの感情に押されて、自分の言い分がきちんと整理されていないからです。

書くという作業には、自分を客観的に見るとともに、気持ちを落ち着かせる効果があります。書いては消し、書いては消しを繰り返す。この作業を繰り返すことで、次第に自分の言いたいことが明確になり、きちんと整理されていきます。

ただし、大事なことは、書き終えたばかりのメールをすぐに相手に送信しないこと。そのまま少なくとも2、3日はパソコンの中に保存しておいてください。

数日後、メールをもう一度読み返してみる。すると、読んだ印象が、書いたときのものとは違っていることに気付くことがあります。

「あれっ、結局、自分は何が言いたかったんだっけ」とか「これは相手に直接伝えなくても自分の中で処理できるなぁ」とか「何だ！　悪いのは相手じゃなくて自分だったんだ」などと、自分でも驚くかもしれません。

自分だけで処理できることであれば、相手にメールを出す必要はなくなります。イライラ、モヤモヤした気持ちもすっきりします。

読み返してみて、やはりこれは相手にきちんと伝えるべきだという確信を持ったら、もう一度文章を推敲《すいこう》したうえで相手に向けて送信してください。

以上のようにすると、自分がホントウに相手に伝えたいことは何か、がきちんと整理できるだけでなく、伝える意味があるかどうかも明確になります。

もし、自分のイライラやモヤモヤを相手に直接ぶつけたり、書いたものをすぐに送ってしまうと、相手との関係が取り返しのつかない状態になる可能性もあります。

宛名のないメールは、自分の気持ちを落ち着かせるとともに、相手との関係を維持する

のにも役立つというわけです。

では、同じことを日記に書いても同じ効果が期待できるか、といったら答えはノー。気持ちを整理するには、自分に向けて書く日記ではなく、相手に「伝える」という前提が必要です。宛名のないメールは、特定の相手に「伝える」というリアリティを持てることが、最大の効能なのです。みなさんもイライラ、モヤモヤしたときは、宛名のないメールをぜひ活用してみてください。

感動が張りつめた空気を和ませるアメリカ人になれ！

大人になると感動することが少なくなります。「すごい！」と声を上げて驚いたり、「うわっー」と泣き出したりといったことは、だんだんやらなくなるものです。

しかし、**感動はコミュニケーションの大きなきっかけになります。**自分の気持ちをそのまま外に出すわけですから、相手に最も伝わりやすいメッセージです。

友人と一緒においしい食事をしたとき、「これはおいしい！」と言えば、みんなが反応します。さらに、「えっ、そんなにおいしいの。私も食べようかしら」と誰かが言えば、その後の会話にも花が咲いて、新たなコミュニケーションが生まれるでしょう。

あまり接点のない人との話でも、「すごい！」「これっていいですよねぇ」というふうに感動すると、相手との張りつめていた空気も和みます。

感動は緊張感を緩める効果もあるのです。

感動する対象は日常のいたるところにころがっています。感動するためには、常に好奇心を持って世の中に目配りすることが大切です。

声以外で感動を表現してみる

感動は声だけではなく、表情でも表せます。

顔は心や頭など、全身とつながっているので、顔を緩めるだけで体が柔らかくなり脳の動きも良くなります。周りの人がその表情を感じ取るだけで気持ちが軽くなり、心の距離感まで縮まるなんてことも期待できます。

また、感動にはポジティブなものとネガティブなものがあります。

たとえば、私はよくこんな経験をしました。

大学では先生たちが集まって研究会を開くことがしばしばあるのですが、大学の先生同士のため、研究会には頭脳バトルのようなところがあります。相手の考え方に反論するときは、それこそ重箱の隅をつつくような言い方になる場合も少なくありません。

しかし、あら探しばかりになると、研究会全体の空気もよどんできます。それでは、参加者の研究に役立てるという本来の目的から離れて、何のための研究会かもわからなくなります。そういうとき、私は変な表情を顔に浮かべます。

「え〜、マジですか??」というような情けない顔をするのです。あえて言葉にせず、ネガティブな感情を表情で示したわけです。

すると、先生たちも冷静さを取り戻して、張りつめていた全体の空気も和らいでいきます。熱くなって批判していた人も、「まあ、ちょっと言いすぎました」と言って、研究会がいい方向に変わっていったことが幾度となくありました。

「でも、感動しろって言われてもなぁ……」と困っている方は、いろいろな知識や常識が自分の中に増えたことで、漠然としたあきらめにつながっている可能性があります。

また、感動するためには、自分には知らないことが山ほどある、という謙虚な気持ちを抱くことが大事です。

いつでも感動を受け入れるという姿勢で生活していくと、「こんなこともあるのか！」と新たな発見にきっと出会えます。**自分の素直な感情を表現することが大切なのです。**

半径3メートル世界をつなぐ言葉

今、私たちが生きるのは「いつでもどこでもすぐにつながる世界」です。なのにかえって意思疎通が難しくなりました。言葉はつながるために生まれたのに、言葉がまるで凶器のように暴走しています。たくさんの人とつながり、一見友だちがたくさんいるように見えても、友情という、極めて人間的なつながりが築けず、寂しさと望まない孤独に悩む若者も増えてしまいました。悲しいのは「友だち」にさえ、本音を話さない若者が増えていることです。

青少年研究会が実施したパネル調査で、「友だちと意見が合わないときには納得するまで話す」とする若者が、２００２年の50・２％から、12年の36・３％に激減しているのです。私たちの時代には友だちとぶつかり合う中で友情を深めてきたのに、ぶつからない、もめない、嫌になったらリセットする若者たち。そんな中で、どうやって友情を深めるのでしょうか。今ほど子供から大人まで、みんながつながりを求める時代はないのに、うまくつながれず、人間関係に悩み、傷つく人があとを絶ちません。

それでもやはりつながることを恐れないで欲しいのです。愛をケチらないで欲しいのです。言葉が暴走する時代だからこそ、言葉＝船にきちんと「心のモヤモヤ」をのせ、船を組み合わせ、あなたの想いを届けて欲しいのです。

あなたが**愛をケチらずに、言葉を届ける**ことで、救われる人がいます。あなたが船に「あなたは大切な人」というメッセージをのせることで、「私はここにいていいんだ」と安堵する人がいます。

言葉は人を傷つけるためにあるのではない。互いにわかり合い、互いを知り、共同体（＝職場・地域など）で居場所を得て、よりハッピーになるために存在します。

ねえ、ちょっとちょっとと声をかけられる「半径3メートル世界」で、愛をケチらない光景が日本のあちこちで当たり前にみられるようになれば、「世界は最終的に微笑んでくれる」と確信する人が増えます。

それは人生を豊かにする、誰も取り残さない温かい社会です。しんどいことがあっても、人生に暴風雨が吹き荒れても、誰かの傘にたより、誰かが傘を差し出してくれる相互依存ができる社会です。**あなたの半径3メートル世界を「しあわせにする魔法」が、「伝えたい」という思いであり、たった30秒の話であり、3行のメールで紡ぐ言葉なのです。**

※本書は『話が伝わらなくて困ったときに読む本』（すばる舎）を再編集し、書き下ろしを加えたものです。

河合 薫　Kaoru KAWAI

健康社会学者（Ph.D）。
千葉大学教育学部を卒業後、全日本空輸に入社。1994年、気象予報士第１号として「ニュースステーション」（テレビ朝日系）などに出演。その後、東京大学大学院医学系研究科に進学し博士号を取得、現在に至る。「人の働き方は環境がつくる」をテーマに学術研究に関わるとともに、講演や執筆活動を行う。

伝えてスッキリ！
魔法の言葉

2025年３月14日　第1刷発行

著　者　河合 薫

発行者　櫻井秀勲

発行所　きずな出版
東京都新宿区白銀町1-13　〒162-0816
電話 03-3260-0391
振替 00160-2-633551
https://www.kizuna-pub.jp/

ブックデザイン　加藤愛子（オフィスキントン）
印刷・製本　モリモト印刷株式会社

ISBN978-4-86663-265-0

きずな出版